赤本メディカルシリーズ
Akahon Medical Series

医系小論文 最頻出論点**20**

4訂版　松本孝子 著
（駿台予備学校講師）

JN046035

教学社

医系小論文がもつ意味

　まずはじめに、この本を手に取った君たちの中には、医学部だけでなく看護学部や医療系学部を志望している人もいるだろう。本書では、「医師の資質・適性」などと記載しているが、看護学部や医療系学部を目指している受験生は、「医師」を「看護師」や「医療従事者」と読み替えて読んでほしい。医師と看護師・医療従事者では、その資質・適性はまったく同じではないが、**医師であれ、看護師、医療従事者であれ、生命の尊厳（SOL）を尊重し、患者の人権を尊重するといった、医療に携わる者の基本的なスタンスは同じであるし、小論文試験に必要な基本知識にも違いはない**。だから、安心して読み進んでほしい。

　医系小論文対策をする前に、まず、**医系小論文が入試において、どんな意味をもっているのか**を理解しておく必要がある。なぜ、大学の医学部、看護医療系学部では、小論文試験が実施されるのだろう？　いったい、小論文試験で、受験生の何を評価しようとしているのだろう？　これを理解しておかないと、有効な受験対策は立てられない。

　大学が、医系小論文試験で知りたいと思っているのは、大きくいえば以下の2点である。

---

①資質・適性
②意欲と真摯さ

---

①資質・適性

　医師の中には、自分の医療技術向上のために、患者の生命の危険など無視して、実験的な手術をするような人もいるかもしれない。また、患者の立場や気持ちをまったく配慮しない医師の心無い発言で、患者が精神的な苦痛を覚えるケースもある。さらに、責任感や判断力を欠くために、他の

医療従事者からも患者からも信頼されない医師もいる。これらの医師は、そもそも医師に必要な資質・適性を欠いているのである。

受験生がこうした医師の資質・適性を備えているかどうか、たとえば、患者の立場を考えることができるかどうかなどは、教科学力試験では判断できない。したがって、面接もそうだが、**医系小論文試験は、まず、受験生が医療従事者としての資質・適性を備えているかどうかを判断するために実施されている。**

②意欲と真摯さ

さらに、医系小論文は、受験生に、大学に入った後、真剣に医師を目指して勉強していく気持ちがあるかどうか、言い換えれば、医師になりたいという決意が、現実的で真摯なものかどうかを見るものである。受験生の中には、成績がよいからという理由だけで医学部を受験する人もいる。また、エリート意識から、もしくは社会的ステータスや高収入のために医学部を受験する人もいる。さらに、テレビドラマなどを見て、単純にかっこいいと憧れて、医師になりたいと思う人もいる。医師を目指そうと思ったきっかけ自体は上記のようなものでも悪くない。それはきっかけに過ぎないから。

しかし、本当に医師を目指そうと決意しているのであれば、その後、真剣に医師という仕事について考え、医療をめぐる様々な状況についての問題意識と、相当の覚悟をもつようになるはずだ。また、自分がどのような医療を目指すのか、医療の理想についてもなんらかのイメージをもつようになるはずだ。

医系小論文で、現代医療が抱える諸問題がテーマとなるのは、「君が本気で医師になろうと考えているのなら、こんな問題があることを知っているし、こんな問題について考えたことがあるよね？」と問われているのだと考えればよい。つまり、**受験生に、医療倫理や先端医療をめぐる問題について小論文を書かせることで、その受験生が医師を目指す意欲と真摯さをもっているかどうかを見ようとしているのである。**

そこで、このような医系小論文の意味を踏まえて、本書では、まず、医師の資質・適性に関するテーマを扱う。次いで、安楽死、再生医療など、医師を目指すのであれば当然知っていなければならないテーマについて、必要な知識を紹介し、さらに、**医師を目指す受験生として、そのテーマに対して、どのような問題意識をもち、どのような方向で考察すればよいのか**を明らかにしていく。各テーマは、医系小論文における最頻出論点でもあるから、**本書を読むことで、医系小論文の傾向を知ると同時に、実戦的対策ともなる**はずだ。

「小論文というのは、人とは違う何かユニークな個性を示せばよい」とか、「別に対策しなくても、日本語だから何か書ける」という態度では、合格の女神は微笑まない。医系小論文試験では、自分に医師の資質・適性があること、本気で医師になりたいと思っており、現代医療の抱える諸問題についても考えていることを示さなければいけない。逆にいえば、今、なんとなく医師になりたいと思っている受験生は、一度、自問してほしい。

「自分は本気で医師になりたいのか？」

「自分はいい医師になりたいと思っているか？」

そして、「なりたい！」という答えが出た人は、本書で、医師の資質・適性について学び、それらを備えるように努め、もしくは資質・適性の向上を目指し、さらに、現代医療をめぐる問題について、正確な知識を吸収し、医師としてどう考えるべきかという方向を学んでほしい。

なお、本書を書くにあたって、参考とした主な文献を紹介しておく。本書を読んで、さらに知識を深めたいと思ったら、10 ページの参考文献を読んでほしい。きっと、受験だけでなく、大学に入ってからも、医療の現場に出てからも、君たちの役に立つはずだ。

目次

V 死と医療

VI 先端医療と倫理

VII 現代社会と医療

本書の使い方

✔ 重要センテンス

> 内容の区切りごとに、文章の最も重要な部分をまとめたもの。

　医系小論文を書くときに、ほとんどがそのまま利用できる重要センテンスである。また、知らなければ、小論文の方向性をとんでもなく間違ってしまう可能性のある重要概念でもある。ぜひ頭に入れておいてほしい。

✔ 見出し

 医師に必要な資質・適性とは？　　例

　内容の区切りごとの論点を示している。その論点に対する自分なりの解答を考えてから内容を読むようにすれば、自然と実戦力が身につく。見出しを見ただけで重要センテンスを思い出せるようになるのが理想だ。

✔ 関連事項

「(➡論点 00)」で示している。

　「論点 00 に関連事項あり」の意味。これをたどれば、各論点で得た知識をリンクすることができる。

✔ キーワード索引（巻末）

　医系小論文を書く上で欠かせない重要キーワードを網羅している。意味のわからない語は、本文で正確な意味を確認しておこう。辞書的に使うこともできる。

目的別おすすめ使用法

✔ 基本的な使用方法

①論点1〜8の通読

　まず、**論点1〜8**をざっと流して読んでほしい。これらの論点では医療従事者としての**基本姿勢やバイオエシックス**について扱っている。少しくらいわからなくても構わないし、(➡論点00) なども気にしないで、どんどん読んでいこう。**論点1**などは、はじめて読んだときはわかりづらくても、**論点8**まで読んだ後にもう一度戻って読んでみると、「ふむふむ」と納得できるようになっているはずだ。

②論点1〜8の熟読

　今度は、専門用語の意味や (➡論点00) などを確認しながら読んでいこう。**論点1〜8**が理解できれば、見たことがないようなテーマが出ても、基本姿勢とバイオエシックスに関する知識で解決できるはずだ。

③論点9〜20の熟読

　論点9〜20では、論点ごとに**特殊な頻出テーマ**を扱っており、専門用語も増えてくる。丁寧に読み進もう。

➡これで、医系小論文の頻出テーマを一通り見たことになる！

✔ 基本的な知識はあって、実戦対策をしたい場合

①目次を見て、それぞれの論点が小論文のテーマとして出題された場合に、自分ならどういうことを書くか、メモしてみよう。
②次に、論点を読んで、知らなかった知識を補っていく。その際も、見出しに対して自分なりの解答を考えてから読むようにしよう。
③この作業をすべての論点について行う。

➡これで完璧だ！

✔ 辞書的な使い方

　過去問を解いていて、

「出てきた言葉の意味がわからない」

「何を書いたらよいかわからない」

というときには、その言葉を巻末のキーワード索引で探して、関連する論点を読む。論点全体を読むと効果的だ。

➡これで知らない言葉はないぞ！

✔ 駆け込み型

「もう、入試までに時間がない！」という人は、

　　各論点の重要センテンス

だけでも読み、他にも重要だと思うところにどんどんラインを引いていこう。

➡これしかない！！　がんばれ！！

参考文献
- 『いのちの法と倫理〔新版〕』葛生栄二郎・河見誠・伊佐智子／法律文化社
- 『生命倫理と医療倫理〔第4版〕』伏木信次・樫則章・霜田求 編／金芳堂
- 『先端医療と向き合う―生老病死をめぐる問いかけ』橳島次郎／平凡社新書
- 『生命倫理への招待〔改訂6版〕』塩野寛・清水惠子／南山堂
- 『死にゆく過程を生きる―終末期がん患者の経験の社会学』田代志門／世界思想社
- 『安楽死・尊厳死の現在―最終段階の医療と自己決定』松田純／中公新書
- 『命は誰のものか〔増補改訂版〕』香川知晶／ディスカヴァー携書
- 『先端医療のルール―人体利用はどこまで許されるのか』橳島次郎／講談社現代新書
- 『心を知るための人工知能―認知科学としての記号創発ロボティクス』谷口忠大／共立出版

I

医系小論文に臨む
基本姿勢

医学部入試で問われること

医学部の入学願書に志望理由を書く場合や、面接で志望理由を問われた場合、君たちはなんと答えるだろうか。動機には違いがあっても、たいていの受験生が「医師になりたいから」と答えるはずだ。他の学部と違って、医学部に入ることは、多くの場合、医師になることを意味する。つまり、医学部入試というのは大学で医学を学ぶ学生を選抜する試験であると同時に、将来の医師を選抜する試験ということになる。小論文試験や面接で、しばしば医師の資質・適性があるかどうかを見るような問いかけがなされるのはそのためである。

医学部入試では、しばしば「医師の資質・適性」があるかどうかが問われる。

受験生に求められる姿勢とは？

しかし、医師の資質・適性を100％備えた受験生など、現実にはいない。だから大事なのは、今、君たちが医師の資質・適性を正しく認識し、よい医師になろうと思っていること、さらにその姿勢を大学入学後も医師になった後も保ち続ける決意があること。これが、実は、入試段階での医師の資質・適性を備えていることなのである。もちろん、現実には様々な医師がいる。患者の気持ちを考えない医師、金儲けばかりを考えている医師、患者の生命よりも自分の功名心を優先する医師などは、決して君たちが目指すべき医師ではない。もし、君たちの面接での言動や小論文に、そのような医師になりそうな要素が発見された場合には、大学側は君たちを合格させようとは考えないだろう。

　大切なのは、「医師の資質・適性」を正しく認識し、よい医師を目指してがんばる意欲をもっていること。

 ## 医師に必要な資質・適性とは？

　では、医師に必要な資質・適性とは何か？　よい医師とはどのような医師なのか？　すぐに「患者の気持ちのわかる医師」「患者から信頼される医師」と答える人もいるだろう。**バイオエシックス**（➡論点3）について少し勉強した人なら、「**インフォームド・コンセント**（➡論点6）に基づいて、**患者の自己決定権**（➡論点5）を尊重する医師」などと答えるかもしれない。**論点1**では、「医の倫理綱領」（日本医師会）に基づいて、医師の資質・適性について考えていこう。

「医の倫理綱領」（公益社団法人 日本医師会）

　医学および医療は、病める人の治療はもとより、人びとの健康の維持増進、さらには治療困難な人を支える医療、苦痛を和らげる緩和医療をも包含する。医師は責任の重大性を認識し、人類愛を基にすべての人に奉仕するものである。

1．医師は生涯学習の精神を保ち、つねに医学の知識と技術の習得に努めるとともに、その進歩・発展に尽くす。
2．医師は自らの職業の尊厳と責任を自覚し、教養を深め、人格を高めるように心掛ける。
3．医師は医療を受ける人びとの人格を尊重し、やさしい心で接するとともに、医療内容についてよく説明し、信頼を得るように努める。
4．医師は互いに尊敬し、医療関係者と協力して医療に尽くす。
5．医師は医療の公共性を重んじ、医療を通じて社会の発展に尽くすとともに、法規範の遵守および法秩序の形成に努める。
6．医師は医業にあたって営利を目的としない。

　まず、**医師は、何よりも、生命の尊厳**（SOL＝Sanctity Of Life（➡論点4））**を尊重しなければならない**。君たちが医師に抱く最初のイメージも、重症患者の生命を救う医師、死を招く感染症と闘う医師など、人間の生命をなんとかして守ろうとする医師であるはずだ。また、人間の生命に軽重はない。誰かの生命が他の誰かの生命より尊いなどということはない。医師は、

相手の地位や身分、貧富、国籍などにかかわらず、博愛と奉仕の精神をもって、患者の生命の尊厳を尊重するために全力を尽くさねばならない。

医師の資質・適性❶
　人間（患者）の「生命の尊厳（SOL）」を何より重視し、生命の絶対的平等性を損わないこと。

 ### 3つの医療目的とは？

　ところで、手術や注射、薬物の投与は、患者の身体になんらかの影響を与える行為である。医療現場で日常的に見られるこうした行為を医的侵襲（medical invasion）という。メスで誰かの身体を傷つける、誰かに注射を打つなどの医的侵襲は、医師でない一般人が行った場合は、刑法上の犯罪となる。**医的侵襲が刑法上の犯罪にならないためには、正当な医療行為とみなされる必要がある。**そのためには、

①医療目的でなされたこと
②医学的に適切で正当な手段・方法でなされたこと
③患者の承諾があること

という違法性阻却事由（犯罪の成立を妨げる理由）が必要である。要するに、通常は違法である医的侵襲が、上の3要件を満たす場合には、違法ではない医療行為＝正当な医療行為とされるのである。時々、医師が傷害罪や殺人罪に問われる事件が新聞紙上をにぎわせたりするが、それは、その医師の行った医的侵襲が先の3要件を満たしていないために、正当な医療行為とみなされない場合なのである。

　したがって、**医師は、正当な医療行為を行うためには、医療目的を理解しておくことが必要となる。**医療目的とは何か？　一般に正当な医療行為と認められている医師の行為を思い浮かべてみよう。外科手術、末期ガンの患者の苦痛の緩和、予防接種、健康診断……。ここから、医療目的は疾病の治療だけではないことがわかる。

> 医療目的
> ①疾病の治療
>   治療が可能な疾病については治療を行う。
> ②苦の除去・緩和
>   疾病に伴う身体的・精神的苦痛を取り除く。取り除けない場合はその緩和に努める。不治の病の場合は、治療は不可能であっても、患者の苦の除去・緩和にできる限り努力する。
> ③疾病の予防、健康の保持・増進
>   疾病にかからないように予防し、健康を保ち、より健康になるように支援する。

　以上の3つが医療目的である。医師は、医療目的を正確に理解し、医療目的の実現を目指すことが大切である。

> 医師の資質・適性❷
> 　①疾病の治療、②苦の除去・緩和、③疾病の予防、健康の保持・増進、という3つの医療目的を正確に理解し、医療目的の実現を目指すこと。

よい医師の条件とは？

　医師は医療行為を行う専門家である。しかも、人間の生命・健康に関わる重大な役割を担う専門家であり、その責任は重い。また、医学や医療技術は急速に進歩している。そこで、**よい医師の条件として、一生涯にわたる勤勉さ、医学的知識と医療技術の習得に日々励む向上心が必要になる。**これは、患者の**医療アクセス権**（➡論点5）を保障するために欠かせない。受験生諸君は、しばしばこのことを忘れがちであるが、十分な医学的知識をもたない不勉強な医師や、日々進歩する医療技術に無関心で昔ながらの治療方法に固執している医師が、十分に医療目的を果たせるはずがないし、現実にも、君たちが患者であれば、そんな医師にかかりたくはないと思う

はずだ。いくら思いやりがあっても、熱意に満ちていても、確かな医学的知識や医療技術をもたない医師は、医師として失格である。

医療事故防止のために

　1人の医師が、十分な医学的知識や、最先端の医療技術を習得したとしても、その医師だけですべての疾病を治療することができるわけではない。医師1人の能力には当然限界もある。そこで、**医師に必要となるのは、自己の限界を率直に認め、他の医療従事者と協力して、よりよい医療を実現することである**。医師は自分の専門分野に閉じこもることなく、医師相互の交流や情報・意見交換を通して、医学的知識や医療技術の向上に努めるとともに、看護師・医療従事者と協力して、よりよい医療の提供を目指さなくてはならない。いわゆる**チーム医療**であるが、チーム医療を充実させるためには、責任感や指導力とともに、自己の限界を認め、他者の意見に耳を傾ける謙虚さや協調性も必要となる。

　医療事故は、医療従事者の過誤、過失の有無を問わず、「医療に関わる場所で、医療の全過程において発生するすべての人身事故」であり、ヒヤリ・ハット事例は、実際の被害は出なかったものの医療現場でヒヤリとしたりハッとした経験をいう（厚生省〈現在の厚生労働省〉「リスクマネージメントマニュアル作成指針」による）。アクシデント（実際に患者に損失を与えた事故）、インシデント（実際に事故は起こらなかったが、事故をひき起こしたかもしれない偶発的事例）と表現されることもある（日本医師会「医療従事者のための医療安全対策マニュアル」など）。

　事例を収集・分析し、医療事故の実態や危険を把握することが、事故の発生の予防や再発の防止につながるわけだが、2004年に国立高度専門医

療センター、特定機能病院などに医療事故の報告が義務づけられ、その報告が収集・分析され、結果が公開されるようになった。医療機関（報告が義務づけられた医療機関だけでなく、参加を希望する医療機関を含む）による医療事故情報等の報告数は年々増加しているが、そもそも報告医療機関数も増加しており、単純に医療事故およびヒヤリ・ハット事例が増加したとはいえない。

医療事故の報告件数（日本医療機能評価機構「医療事故情報収集等事業第 72 回報告書」より）

年		2013	2014	2015	2016	2017	2018	2019	2020	2021	2022
報告件数	報告義務	2,708	2,911	3,374	3,428	3,598	4,030	4,049	4,321	4,674	4,631
	任意参加	341	283	280	454	497	535	483	481	569	682
	合計	3,049	3,194	3,654	3,882	4,095	4,565	4,532	4,802	5,243	5,313
医療機関数	報告義務	274	275	275	276	276	274	274	273	273	275
	任意参加	691	718	743	755	773	797	812	834	857	883
	合計	965	993	1,018	1,031	1,049	1,071	1,086	1,107	1,130	1,158

　医療事故防止には、個人と組織が主体的に取り組むことが必要である。医師個人としても、自己の能力を過信することなく、自分も間違いを犯す可能性があることを認め、どうすればその間違いを減らせるか、なくせるかと考える必要がある。また、過去の事故の事例や他者の事故の事例は、自分にも起こりうることだと認識し、同じことを繰り返さないように防止策を考えることも必要である。

　しかし、個人の事故防止への取り組みや努力だけでは、なかなか医療事故を防ぐことはできない。**人間はミス・エラーを犯すものであるという認識を前提に、そのミスをなくし、エラーを最小限に抑えるにはどうすればよいか、また、ミスをした場合のケア、エラーへの対処、さらに、いかに被害の拡大を防ぐか、そして、二度と同じミス・エラーが起きないようにするにはどうしたらよいかを組織全体で考え、組織的・系統的な対策を立てることも必要である。**

　医療逼迫時に限らず、特定地域・特定診療科の医師不足の状況で、時間外労働を強いられている医師も多い。医師数が十分であっても必要な力量を備えている医師が実際には少なかったり、そもそも、絶対的な医師数が

不足したりしているために、患者のことを思う良心的な医師にしわ寄せがきて、そうした医師が長時間労働を続けざるをえず、心身に支障を来すケースもある。医師が医師になった当初の情熱や誠意をもち続けるためにも、医師自身が人間として健やかでいることが大切である。質の高い医療を提供するためにも、実情に合わせた医師の配置を可能にする医療供給体制の整備が必要だ。

　医師個人がいくら健康を心がけても、個人でできることには限界がある。能力があり誠実な医師が過剰に負担を負うことがないように、「医師の働き方改革」を進める必要がある。2024年から医師の「時間外労働の上限規制」が適用された。労働時間の短縮は必要だが、それで医療サービスの低下を招かないように、実情を踏まえた地域医療体制の補強、医師を含めた医療従事者の待遇改善、医療機関の抜本的な労働環境の改善を進めることが求められる。

　医療事故防止の観点からも、医師がその限界を知ること、また、他の医療従事者と協力して、全体として、患者を医療事故から守ること、そして、医療全体の向上を図ることが大切である。

> **医師の資質・適性❹**
> 　自分の限界を認識し、他者と協力する謙虚さ・協調性に基づき、チーム医療の充実を目指すこと。

専門家として果たすべき役割

　生命と健康に関わる専門家である医師は、特定の患者に対する具体的な医療行為を行うだけではない。地域全体の公衆衛生の向上や感染症などに関する適切な医療情報の提供も、医師が果たさねばならない重要な役割である。また、医師は、誰もが適切で十分な医療を享受することができるような社会保障システムの構築に協力することも必要だ。医師は、こうした医療の公共性を意識し、社会全体の医療の改善に努めるなど、医療を通じて社会に貢献する使命がある。また、生命や健康、疾病や医療に関して、

一般市民への説明責任を果たし、コンセンサスを形成する社会的責任がある。さらに、これは医師でなくても当然だが、法規範を守り、反倫理的な行為を行わないように自律自制することが必要となる。

> **医師の資質・適性❺**
> 　人々の生命と健康に関わる専門家として、社会的使命と責任を果たすこと。

バイオエシックスに基づく医療の実現のために

　人権意識や共感能力は**バイオエシックス**（➡論点3）に基づく医療には不可欠なものであり、医系小論文ではしばしば隠れテーマとして設定されていたりする。**患者は意思と人格を備えた全人的存在**（➡論点2）である。医師は、患者の人格を尊重し、その人権に十分な配慮をすることが必要であり、治療にあたっては患者の生命の質（QOL＝Quality Of Life（➡論点4））を向上させるためにも、十分な情報提供（➡論点6）と患者の自己決定権（➡論点5）に基づく患者本位の医療を実現するように努力することが大切である。また、患者と信頼関係を築き、より効果的な医療を実現するためにも、医師は患者の立場に立ち、患者の気持ちを想像し、思いやることのできる共感能力を備えていなければならない。健康な医師が病気に悩む患者の気持ちになる、専門家である医師が一般の人々の立場に立つ、また、他の医師ならどうするか考えるなど、医療現場では想像力や共感能力は必須である。加えて、いくら心の中で患者を思いやっていても、それが患者に伝わらなければ意味がない。患者に温かく接したり、穏やかな言葉遣いをするなど、立ち居振る舞いや言葉の使い方にもこまやかな気遣いが必要である。

> **医師の資質・適性❻**
> 　患者の人権を尊重し、患者の立場に立ち、患者の心情を理解する想像力と共感能力を備えていること。

人間性を高めるために

　医療現場では様々なことが起こる。どんな突発的な状況にあっても、医師は冷静な判断力を失ってはならない。事態を冷静に把握し、公正で的確な判断を迅速になさねばならない（**医療資源の配分**（➡論点8））。また、どんな困難な状況であっても、逃げ出してはならない。そこに踏みとどまり、医師としての責任を果たさねばならない。さらに、極端な思想に傾くことのないバランス感覚も欠かせない。

　医師は様々な患者と出会う。人間は、一人として同じ人間はいない。患者の年齢も職業も性格も価値観も様々である。したがって、患者とよい人間関係を築き、円滑なコミュニケーションを実現し、心の交流を可能にするためには、医師は専門知識や技術だけでなく、幅広い教養や社会常識を身につけておかなければならない。また、礼節や品性、誠実さ、寛容さなども必要だろう。

　医系小論文でも面接でも、こうした広い意味での人間性が受験生に問われることがある。ここにきて「ちょっと無理かも…」と萎縮してしまった受験生もいるかもしれない。でも、大丈夫。人間であれば、誰だって欠点はもっている。つい感情的になってしまうこともあるし、対人関係が苦手な人もいるだろう。だから、この論点の最初に述べたように、大事なのは、**自分に欠けているところを認識し、それを補い、よい医師になれるように努力する**という姿勢なのだ。

医師の資質・適性❼
　目標は高く、積極的・意欲的に、よい医師を目指して、自分の人格の向上に努めること。

II

科学と医学

論点 2 科学と倫理
近代医学の問題点とは？

医学とその他の科学との違い

　医学部を目指す学生は理系か文系かと問われれば、もちろん、理系ということになる。たしかに、医学は自然科学の1つであり、医師・医学者は科学者である。だから、当然、医師は現代の科学者が抱える問題意識を共有する。医系小論文でも、しばしば科学の役割や科学者の倫理などがテーマとして出題されるのはそのためである。しかし、同時に、人間の生命や健康に関わる医学は、物質を対象とする物理学や化学とは異なる側面をもつ。ここから、医学独自の問題も生じてくるわけだし、近代科学の手法をそのまま受け継いだ近代医学への反省も生じてくる。というわけで、**論点2**では、医学を含めた自然科学一般が抱える諸問題を考えるとともに、近代医学の問題点と医学の特殊性とを指摘することにしよう。

　　医学は自然科学だが、物理学や化学とは異なる特殊性がある。

科学者に求められる姿勢とは？

　科学の目的は何より真実の探究である。科学者の真実探究への熱意が科学の発展を生み、優れた技術開発につながった。科学技術の進歩は、平均寿命の延長、疾病の治癒、農業生産の拡大、過酷な労働からの解放、コミュニケーション機会の拡大など、人類に多大な恩恵をもたらした。しかし、その一方で、科学技術の進歩が環境破壊の一因となったり、NBC兵器（Nuclear「核」兵器、Biological「生物」兵器、Chemical「化学」兵器）を作り出したりしている。さらに最近では、医療技術の進歩が**生殖補助医療技術**（➡論点13）、**着床前診断**（➡論点14）、**出生前診断**（➡論点14）、**ゲノム編**

集（→論点14）など、新たな倫理問題を発生させている。「科学自体は価値中立であり、正義でも悪でもない。問題はその応用なのだ」という主張は、原子爆弾を製造した科学者たちが自らの研究の倫理的責任を問い始めたときから、もはや有効性を失ってしまった。

　科学者の知的好奇心は創造の源泉であり、また研究の自由は原則として保障されるべきである。しかし同時に、科学者は自己の研究に社会的・倫理的責任をもつことが必要となる。科学研究は、その成果はもちろん、研究そのものも決して社会と無関係ではありえない。科学的な知見が世論形成に大きな影響を与えたり、技術開発が人間の生き方を変えたりしてしまい、極端な場合は人類の滅亡につながる可能性さえあるからだ。

> 科学者は、自己の研究が社会に与える影響を認識し、自己の研究に対して倫理的な責任をもつことが必要となる。

科学者は社会とどう関わるべきか？

　科学の専門分化が進み、科学の進歩が急速な現代にあっては、科学者は、先端科学に対する誤解や不信を避けるためにも、社会に対して啓蒙活動を行うことが求められる。また、多大な被害をもたらす可能性のある事故に対する危機管理も必要となる。科学者はひたすら好きな研究さえしていればよいという時代ではない。場合によっては、科学者自身が抜け駆け的な危険な研究に対するガイドラインなどを作成し、自主規制していくことも必要になる。

　さらに、科学の恩恵を受けているのはもっぱら先進諸国であり、科学の恩恵の配分や先端科学へのアクセスなどには不平等が存在している。こうした不平等の存在にも、科学者は無関心ではいられない。科学的な知識の公正な生産・配分・利用に努めることも必要となる。

> 科学者は、社会的な存在として、社会の様々な問題と無関係ではいられない。

医師＝科学者としての心構え

　科学の進歩には終わりがない。真実が１つ見つかればその先にまた隠れ
ている真実がある。現代社会の抱える問題を解決していくためにも、科学
の進歩は欠かせない。環境問題を引き起こしたのが科学であるとしても、
環境問題の解決にも科学の力が必要である。科学的な知識や科学技術は、
使い方によっては、人類を救済することもあれば、人類を破滅させること
もある。科学者に求められる適性としては、知的好奇心や観察力、発想力、
粘り強さなどが思い浮かぶかもしれない。実験が大好きだとか、星を見る
のが好きだとか、そんな素朴な思いはとても大切だ。そうした思いが、地
道な研究を支える原動力になる。けれど、同時に、科学研究や技術開発を
通じて、社会に貢献するのだという使命を忘れてはならない。

　科学者を目指すのであれば、まずは、科学の進歩に希望をもち、自
分も科学の進歩に貢献するのだという意欲をもとう。そして、同時に、
科学者が果たさなければならない社会的使命と倫理的責任を自覚しよ
う。

 医学の特殊性とは？

　さて、近代科学の基本は、自己（観察主体）と対象（現象や物質）を切
り離し、対象を客観的に観察・分析することにより、対象を支配する普遍
的法則を発見することにある。

　近代医学も、この近代科学の手法を用いて発達してきた。患者の身体を
観察し、分析して、治療法を見出す。機械が壊れた場合に壊れた箇所を修
理するように、患者の身体を部品の寄せ集めとみなし、患者の病んだ臓器
を見つけ、それを治療する。これが要素還元主義とか、機械論的人間観と
いわれるものである。物理学や化学が物質を対象とするように、患者を物
質（material）と見る医学である。

　しかし、人間は物質の寄せ集めではなく、身体・精神・社会の三次元を

統合した全人的（holistic）存在である。身体と精神は相互に影響を与え合い、切り離して単独に考えることはできないし、さらに、社会と関係をもたない人間は存在しない。また、人間は一人一人違うから、普遍的な治療法などは存在しない。

このような人間に対して、近代科学の要素還元主義や機械論的アプローチには限界がある。これが近代医学の抱える問題点であり、限界である。現在の医学は、近代科学を前提としながらも、近代科学からはみ出す特殊性を備えたものでなければならない。つまり、**医学は全人的存在である人間に関わる学問であるがゆえに、一般自然科学とは異なる特殊性をもつことになる。**

「全人的」という言葉は、患者の身体的、生物的側面のみに注目する近代医学への反省から用いられる言葉であり、**患者を全人的存在として見る医療を全人的医療** (→論点 4) という。

> 医学は全人的存在である人間の生命とその健康に関わる学問である。この点で、決定的に他の自然科学とは異なる。

先端医療に対する姿勢

先端医療については、「技術的に可能であり、それを患者が希望していれば、患者のために医療行為を行うべきだ。学会のガイドラインには背くことになっても、法には触れない」という主張がある。実際に、国内でも、生殖医療の分野では**着床前診断** (→論点 14) や**代理出産（懐胎）**(かいたい) (→論点 13)、また、**臓器移植** (→論点 12) については病気腎移植などが実施され、問題となった。着床前診断の大谷医師、代理出産の根津医師、病気腎移植の万波医師などは、倫理的に問題があっても、自分たちは患者のための医療を実現している、患者に感謝されていると主張している。

しかし、倫理的に何の問題もないのであれば、そもそも、学会がガイドラインなどで規制をすることもないはずだ。もちろん、クローン人間の産生のように、法で規制されている分野もあり、**患者の自己決定権** (→論点 5)

は無条件に認められるわけではない。正当な医療行為について、患者は選択・拒否権を行使できるのであって、技術的な面で危険性があったり、倫理的な問題があったりする医療行為は、そもそも正当な医療行為とはいえず、そのような医療行為を選択する権利までも患者に認めるものではない。患者の願いを何でもかなえる医師がよい医師ではないことを、肝に銘じておいてほしい。

　患者の苦しみを理解すること、少しでも患者の苦しみを除去・緩和するように努力することはとても大切なことだ。しかし、独善的なパフォーマンスで自己満足するようなことはあってはならない。１人の医師の判断だけで、先端医療の実施の是非を判断するのは危険である。もし、現行の法に問題点があると考えるのであれば、その法を改正すべく、専門家として社会に対して発言していこう。同じように、現行の学会のガイドラインに問題点があると考えるのであれば、広く議論を起こして、自分の考えを理解してもらい、ガイドラインを変えていく。それが、法秩序の中にある市民として、特殊な資格をもつ専門家としてなすべきことである。

　リスクを伴う治療は、むしろ、研究的治療、治験というべきであり、その実施の是非を学会や倫理審査委員会などで問うべきであるし、また、通常の医療行為よりもさらに慎重な**インフォームド・コンセント** (→論点 6) を前提とすべきである。病気腎移植については、移植可能な臓器なら摘出しても人体に戻すべきであるし、捨てる臓器ならそれを移植することにはリスクがあり、避けるべきである。また、臓器移植のために臓器を売買することは、現行の臓器移植法でも禁じているところであり、許されない。

> 　法やガイドラインに不備があると考えたときは、独善的なパフォーマンスに走って密室で医療行為を行うのではなく、広く議論を起こし、自分の意見を学会や社会に問うていこう。

III

バイオエシックスの
基本原理

論点3 バイオエシックス
今、なぜバイオエシックスか？

旧来の「医の倫理」の特徴

　パターナリズム（paternalism）という言葉を知っているだろうか？
これは「父権主義」などと訳されるのだけれど、簡単にいえば、子どもに
は十分な判断力がないから、お父さんが子どものためになるように、様々
なことを判断し、子どもはそれに従うのが正しく、またこうした父と子の
関係がよい関係であるという考え方だ。

　医療におけるパターナリズム（medical paternalism）というのは、この
父-子関係を医師-患者関係に置き換えたものだ。つまり、医療の専門家で
ある医師が、医療に関する知識をもたない患者のために最善の治療を決定
し、患者はそれに従うのが正しく、またこうした医師と患者の関係がよい
関係であるという考え方である。

　この考え方では、医師が、ちょうど父が子のことを思うように患者のこ
とを思って様々な判断をするわけであり、医師と患者の信頼関係に基づい
ているという側面もないわけではない。しかし、パターナリズムにおいて
は、判断はすべて医師に委ねられるので、患者の拒否する治療や入院の強
制も認められることになる。いくら患者が拒否しようと、その治療や入院
が「患者のためだ」と医師が判断した以上は、それが正しい判断とされる
からだ。**パターナリズムに基づく医療では、患者の判断は問題にされない
から、患者は病状や治療に関する情報を与えられることなく、医師の判断
に従うよりほかない**。専門家である医師が自分の判断で患者に必要な医療
行為を決定し、実行する権利を医師の裁量権というが、パターナリズムと
医師の裁量権が旧来の「医の倫理」を特徴づける考え方といってよいだろ
う。

28

旧来の「医の倫理」は、パターナリズムと医師の裁量権を特徴とする。そこでは、患者に対する医療情報の提供はなされず、患者の意思や判断は尊重されない。だから、患者の拒否する治療や入院でも正当化される。

バイオエシックスの基本理念とは？

ところで、1970年前後から、アメリカを中心とした先進諸国で、この「医の倫理」を見直す動きが出てきた。それが、バイオエシックス（bioethics）の考え方である。バイオエシックスは、医学・自然科学・倫理学・哲学・宗教学・法学・経済学・社会学・心理学などの分野にまたがって、総合的に、医療をはじめとする人間の生命に関する倫理的問題を研究する学問である。バイオエシックスは「生命倫理（学）」と訳されるが、旧来の「医の倫理」を批判的に見直し、医学と医療技術の急速な進展の中で生じてきた医療の倫理の問題を考える学問である。

旧来の「医の倫理」と、このバイオエシックスの考え方の決定的な違いは、医師-患者関係のとらえ方にある。**バイオエシックスでは、医師と患者の関係は対等であり、医師は患者の人格と人権を尊重し、治療に関する患者の自己決定権**（➡論点5）**を尊重する**。当然、患者の拒否する治療や入院を強制することは許されなくなる。また、患者が治療に関する自己決定を行うには、病状や治療方法に関する情報が必要であるから、バイオエシックスに基づく医療においては、医師が患者にその病状や治療方法について十分な情報提供をし、患者の承諾を得た上で、医療行為を行っていくという**インフォームド・コンセント**（➡論点6）**が重視される**ことになる。

バイオエシックスの基本理念は、「患者の人格・人権の尊重」「患者の自己決定権の尊重」であり、「インフォームド・コンセント」が重視される。

バイオエシックス誕生の背景

　旧来の「医の倫理」に代わって、バイオエシックスが主張され始めた背景には、以下のような様々な要因がある。

---

①疾病構造の変化

　従来の感染症から生活習慣病へと疾病構造が変化するに伴って、**生命の尊厳**（SOL ^{⇒論点4}）を尊重し、とにかく生命を救う、病気を治療する（キュア＝cure）という医療だけでなく、患者の生活支援や看護（ケア＝care）、**生命の質**（QOL ^{⇒論点4}）の向上が重要となってきた。どのような生き方を望み、どのような生活を好むかは、人によって異なり、医師が判断することはできない。また、生活習慣病などの治療には、患者が主体的に治療に関わることが必要となる。

②人権意識の高まり

　1950年代後半から60年代にかけて、公民権運動、消費者運動、女性解放運動などの社会運動や人権運動が活発になり、個人の人権や多様な価値観の尊重、社会的弱者の救済などが主張され、医療における患者や被験者の人権もその対象として意識され始めた。

③近代医学の見直し（科学と倫理 ^{⇒論点2}）

　要素還元主義、機械論的人間観に立ち、患者を物質と見る近代医学の問題点が意識され始め、患者の人格を尊重し、人間としての患者と関わっていこうとする全人的医療の考え方が生まれた。

④非人道的医学研究の実態が露見

　ナチスによる人体実験、アメリカにおけるタスキギー事件など、医学研究の非倫理性が問題となり、医学研究における被験者の人権保護の必要性が強く意識された。

⑤急速な医学・医療技術の開発と進歩

　生殖補助医療技術 ^{⇒論点13}、**ゲノム編集**（^{⇒論点14}）、**再生医療**（^{⇒論点15}）など、高度な先端技術の開発と進歩により、疾病のとらえ方、人間の生命や身体の意味、人間の誕生や死のあり方を揺るがすような

状況が生じ、社会に様々な影響を及ぼし始めた。同時に、様々な倫理的問題も生じるようになった。

タスキギー事件
　梅毒の長期症状に関する研究のために、黒人梅毒患者にペニシリン発見後も投薬治療を行わず、半強制的に検査だけ行い、死亡すると解剖にまわした。

　バイオエシックスの考え方が生まれた背景には、疾病構造の変化、人権意識の高まり、近代医学の見直し、非人道的医学研究の実態の露見、急速な医学・医療技術の開発・進歩などがある。

 ## バイオエシックスの三大キーワード

　こうした状況を背景にバイオエシックスの考え方が主張されるようになった。「患者の人権の尊重」「患者の自己決定権の尊重」「インフォームド・コンセントの重視」などのバイオエシックスの考え方は、現代の医学、現代の医療の基本であり、これが医療現場における具体的な諸問題を考える場合の基盤となる。医系小論文のテーマも、結局のところ、受験生がバイオエシックスの基本原理を理解し、それを具体的なケースに応用できるかどうか、バイオエシックスの基本原理に基づいた医療を実現しようとしているかを見るものだといってもよいだろう。医学部受験者で、インフォームド・コンセントという言葉を知らないようでは、それだけでもう医師としての適性に欠けると判断されても仕方ない。

　バイオエシックスの基本原理の理解と応用が、医系小論文のテーマ。「患者の人権」「患者の自己決定権」「インフォームド・コンセント」が三大キーワードだ。

論点 4 〉 SOL と QOL
生命を救うだけが医師の仕事か？

 SOL と QOL の違い

さて、すでに何度も、生命の尊厳（SOL）、生命の質（QOL）という言葉が出てきているのだけれども、ここで、その内容を確認しておこう。

具体的な状況を考えてみよう。交通事故で重傷を負った患者が病院に運び込まれる。このような場合、まずは、患者を治療し、患者の生命を助けることが必要となる。これに対して、高血圧や糖尿病で身体の不調を訴えた患者が病院にやってくる。このような場合は、先ほどの例とは異なり、生きるか死ぬかという状況で生命を救うことが問題となっているのではない。高血圧や糖尿病は死に直結するわけではなく、患者は疾病を抱え、疾病と付き合いながら、人生を送ることになる。

生命の尊厳（SOL＝Sanctity Of Life）は、人間の生命は、どのような状況にあっても絶対的に平等であり、神聖な価値をもつという考え方だ。医療の基本はこの生命の尊厳の尊重にあることはいうまでもない。しかし、先の高血圧や糖尿病の場合には、生きるか死ぬかではなく、どのように生きるか、どのような生活が充実した有意義な生活なのかが問題となるのではないか。これが、生命の質（QOL＝Quality Of Life）を考えるということなのである。

○生命の尊厳（SOL＝Sanctity Of Life）
　人間の生命は、どのような状況にあっても絶対的に平等であり、神聖な価値をもつ。
○生命の質（QOL＝Quality Of Life）
　どのように生きるか、生命の内容を考える。人生や生活の充実度や有意義さを問題とする。

生命の質的な価値への着目

　QOL の向上を目指す医療は、疾病構造の変化に対応するものだった。かつて、疾病の中心は感染症であり、また、医学や医療技術が十分に進歩していない状況では感染症に対する治療方法は限定されていた。医師が症状を確認し、的確な治療を行うことで、患者の生命を救うことができた。こうした状況では**パターナリズム**（➡論点 3）に基づく医療も有効だった。患者の生命の救済が何より重要であり、しかもとるべき治療方法の選択肢が限られている状況では、患者の固有性や価値観などはさほど重要ではなかったからだ。しかし、**超高齢社会**（➡論点 17）に突入した日本では、多くの**生活習慣病**（➡論点 18）を抱えた高齢者が医療を受けている。また、生活習慣病は若年層にも広がっている。生活習慣病の場合は患者が疾患を抱えつつ、患者にとってよりよい生を実現することが大事になる。**生命の尊厳**は絶対的なものだが、**生命の質**は人によって異なる。どういう状態が幸福か、快適かなどの質的な価値は相対的なものだ。その人固有のものといってもいい。

　ただし、**新型コロナウイルス感染症（COVID-19）**（➡論点 19）は、感染症においても QOL の尊重が大事なのではないかという考察をもたらした。コロナ禍で直面したのは、感染予防対策による医療機関での隔離であり、患者は家族から隔絶された状況で、最期の時を過ごすこととなったという問題である。医療者の側も家族も十分な看取りができなかったという心残りの声が聞かれる。重症化の懸念がある高齢者の場合は原則入院とされたが、在宅という選択も考慮される必要があったのではないか。医療機関にとっても初めてといっていい経験であり、十分な対応が困難であったが、このように感染症についても**エンドオブライフ・ケア**（➡論点 9）が問題となる事例では、患者の QOL をどう尊重するかが重要な課題となる。

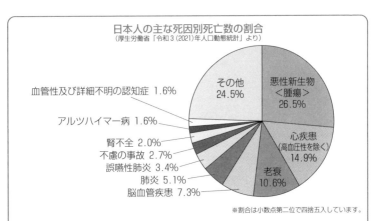

日本人の主な死因別死亡数の割合
（厚生労働省「令和3（2021）年人口動態統計」より）

- 血管性及び詳細不明の認知症 1.6%
- アルツハイマー病 1.6%
- 腎不全 2.0%
- 不慮の事故 2.7%
- 誤嚥性肺炎 3.4%
- 肺炎 5.1%
- 脳血管疾患 7.3%

その他 24.5%
悪性新生物＜腫瘍＞ 26.5%
心疾患（高血圧性を除く）14.9%
老衰 10.6%

※割合は小数点第二位で四捨五入しています。

　現代では、生活水準の向上や公衆衛生の整備、医学と医療技術の進歩により、感染症で亡くなる割合は少なくなっている。2021年の厚生労働省のデータを見ると、死因の第1位は悪性新生物、第2位は心疾患、第3位は老衰であり、脳血管疾患、肺炎と続く。新型コロナウイルスのパンデミックが生じ、国内でも死者が発生したが、マスクの着用、手洗い、手指の消毒、外出の抑制などの感染対策がなされたことで、他の感染症が流行せず、特に新型コロナを除く肺炎やインフルエンザなどの呼吸器系疾患による死亡者は前年より減少していると思われる。

SOL から QOL へという流れは、疾病構造の変化と対応している。

 ## エンドオブライフ・ケアと QOL

　QOL の考え方が重視されるようになってきた背景には、もう1つ重要な問題がある。それは延命治療との関係だ。医療技術の進歩は、高度な延命治療技術を生み出した。不治の病などで末期状態にある患者に対して、医師の使命は SOL の尊重、つまり患者を少しでも長く生かすことにあると考えれば、高度の延命治療技術を用いて、とにかく長く生かすことがよい医療ということになる。気管切開をして人工呼吸器をつけ、栄養チューブによる栄養補給と点滴注射をして、ベッドに縛り付けておくという、いわゆるスパゲッティ症候群といわれる状態が肯定されることになる。

ここで、「長く生きることも大事だが、どのように生きるかも大事ではないか」という考えが生じる。エンドオブライフ・ケアにおいては、個々の患者の価値観が重要な要素となる。単に「生」を延ばすのではなく、患者が充実した有意義な生を送れるように支援することが必要となる。患者が望むのであれば、少しでも長く生きることができるように延命治療を行っていく。逆に、患者が特定の延命治療を望まず、できるだけこれまでと同じように生活していくことを望むのであれば、たとえば鎮痛を中心にして、患者を支援していく。延命治療は、ある意味、「どのような生」を延ばしていくのかという段階に入っている。

> QOL を重視する考え方の背景には、過剰な延命治療、非人間的な延命治療に対する反省もある。

QOL 重視の医療とはどんなものか？

　ところで、生活習慣病患者の治療においても、末期状態の患者のケアにおいても、どんな生が充実した有意義なものであるかは、本人でなければわからない。また、生の充実度や有意義さには、身体面だけでなく、精神面や、患者の社会的な立場なども関わってくる。そこで、QOL を重視する医療は、患者の人権を尊重し、患者の自己決定権 (➡論点5) を尊重するバイオエシックス (➡論点3) に基づく医療となる。また、QOL を重視する医療は、患者の人格や価値観を尊重し、患者の身体面、精神面、社会面を統合的にとらえる視点、つまり、患者を全人的存在 (➡論点2) ととらえる視点をもつことになる。したがって、全人的なケア、全人的医療を目指すことになる。

> QOL を重視する医療は、バイオエシックスに基づく医療であり、全人的医療と重なる。

全人的医療の考え方とは？

　人間が全人的存在であるという考え方は、要素還元主義や機械論的人間観に立ち、患者の身体的・生物学的側面ばかりを重視する近代医学に対する批判的なまなざしに基づいている（**科学と倫理**（➡論点2））。したがって、全人的医療は、身体の一部を切り離して治療するだけではなく、患者の身体的・精神的・社会的側面を総合的に判断し、患者をまるごとの人間として見ることになる。患者は「病める臓器」ではなく「人間」であり、人格をもった全人的存在であるというのが、全人的医療の基本的な考え方である。

> 　患者は「病める臓器」ではなく、「人間」であり、人格をもった全人的存在である。

 ## バイオエシックスに基づく医療とは？

　WHO（世界保健機関）の憲章では、健康は肉体的・精神的・社会的に良好な状態と定義されている。これも、人間を全人的存在ととらえる見方である。患者の人格を尊重し、人間としての患者、全人的存在としての患者を見る全人的医療は、バイオエシックスの要となるべき患者観に基づく医療であり、患者の固有性を尊重する医療でもある。患者は一人一人異なり、同じ病気であっても、病状は一人一人異なる。数字的には同じ体温であっても、それを「熱がある」と感じる人も、そうでない人もいる。乳房にガンが見つかった場合でも、全摘出を選ぶ人も温存を願う人もいる。末期ガンであることがわかった場合でも、病院で治療を受けることを望む人もいれば、これまでどおり会社勤めを続けることを選ぶ人もいる。したがって、**バイオエシックスに基づく医療、すなわち、患者の自己決定権に基づき、患者のQOLを高める医療を目指すには、患者一人一人の身体的・精神的・社会的状況を考慮した全人的医療を実現することが不可欠なのである。**

> バイオエシックスに基づく医療＝患者の自己決定権に基づき、患者の QOL を高める医療＝全人的医療

 ## 全人的医療はなぜ重要なのか？

　アルツハイマー病を引き起こす遺伝子変異（原因遺伝子）の発見など、個々の要素の性質をつきつめていくことで、生命や疾病の複雑な仕組みがわかり、難病の治療方法が見つかることもある。したがって、現代医学は、近代科学的なアプローチを全面的に否定するものではない。しかし、感染症の治療とは異なり、生活習慣病の場合は身体中心の近代医学では限界があり、そもそも**エンドオブライフ・ケア**（→論点9）の場合は治療よりもケアが主体となる。疾病構造の変化や医療の多様化、そして、何よりも患者のQOL の向上を目指し、患者の自己決定権を尊重する患者主体の医療サービスが要請される現代医療においては、この全人的医療という考え方はきわめて重要な意味をもつ。

　従来の要素還元主義に対する疑問から**ホメオスタシス**（homeostasis）の概念が見直され始めている。ホメオスタシスとは、生体システムの恒常性を維持する機能であるが、このホメオスタシスの概念の見直しは、複雑な生命現象を要素還元的に見るのではなく、全体としてとらえようとするものであり、全人的医療と通じるものである。

> 要素還元主義や機械論的人間観への批判的なまなざしをもとう。

6つの「患者の権利」とは？

「バイオエシックスに基づく医療というけど、この前下痢して病院に行ったとき、医師は私の顔もほとんど見なかったし、病状の説明もなく、『じゃあ、下痢止めと胃腸薬出しておきますから飲んでください』で、診断は終わりだった。インフォームド・コンセントも自己決定権もありゃしない。おまけに、診察している声は外に聞こえて恥ずかしかったし…」なんて、ぶつぶついっている受験生もいるのではないだろうか？　たしかに、現実には**バイオエシックス** (➡論点3) とは無縁な医療が行われていたりするし、患者の人権など無視され、**インフォームド・コンセント** (➡論点6) などもきちんと実施されているとはいえないかもしれない。しかし、日本の医療は確実に変化しつつある。その証拠に、リスボン宣言をもとに、独自に「患者の権利章典」や「患者の権利に関する宣言」などを作り、それに基づく医療を掲げる病院も増えている。

リスボン宣言
　　1981年ポルトガルのリスボンにおける世界医師会総会で採択され、1995年インドネシアのバリにおける同総会にて改訂された「患者の権利に関する世界医師会（WMA）リスボン宣言」。

「患者の権利」として普通掲げられるのは、以下の6つである。

①人格や価値観、人間の尊厳が尊重される権利

　患者にはその人格や価値観を尊重され、人間としての尊厳を保つ権利がある。

②良質な医療を平等に受ける権利

　医療アクセス権と呼ばれる権利。患者には誰でも良質な医療を平等に受ける権利があり、自己の生命を守り、苦痛を緩和するために最先

端の医療を受ける権利がある。

③病状や治療方法に関して十分な情報を得、説明を受ける権利

　患者の知る権利（**カルテ開示** (➡論点7)）であり、④の権利を保障するためには必要不可欠な権利。インフォームド・コンセントの考え方の基盤となる。

④医療に関する選択、診断手続きや治療の承諾あるいは拒否を自己決定する権利

　患者は医師や医療施設を自分で選択することができ、また、診断手続きや治療について、それを受けるか拒むかという判断をすることができる。いわゆる**患者の自己決定権**。

⑤プライバシー等の機密保護、個人情報保護の権利

　患者の病状やその他個人情報を承諾なく開示されない権利であり、また、治療にあたってプライバシーを侵害されない権利。

⑥病気の治療や健康の促進に関する教育を受け、学習する権利

　患者には病気やその治療および健康を促進するための知識を得る権利がある。

　患者の人権を尊重する医療とは、患者の権利を保障する医療である。6つの権利を頭にたたき込んでおこう。「患者の権利」は医系小論文の頻出テーマである。

患者の自己決定権の内容

　ところで、バイオエシックスの柱である患者の自己決定権の内容について、ここで詳しく見ておこう。医療における患者の自己決定権とは、あくまでも「医療における」自己決定権である。患者の自己決定権に基づく医療とは、無条件に患者のわがままを尊重することではない。診断法や治療法が複数ある場合に、医師は患者の病状や診断法・治療法の内容、長所・短所を客観的に説明し、医師としてのアドバイスも含めて、患者の理解を

得る。その上で、患者の選択決定を尊重していく。これが患者の自己決定権の尊重である。

　したがって、医療行為として認められない行為や、安全性が保証されていない民間療法、使用が禁止されている薬の使用を患者が求めた場合に、この患者の要求に応じることは「患者の自己決定権を尊重する医療」ではない。そもそも、これらは正当な医療行為ではないからだ。この点を間違えないようにしたい。外科手術をするか投薬療法にするか、延命を第一に考えるか QOL を重視するか、こうした診断・治療に関する自己決定を尊重していくのが、患者の自己決定権に基づく医療である。

> 患者の自己決定権は、あくまでも、診断や治療などの「正当な医療行為」に関する自己決定権である。

常に自己決定を求めるべきか？

　患者の中には、自分の病状について知りたくない人もいるだろうし、診断や治療について自分で判断することをためらう人もいる。この場合に、医師が無理に病状や治療法に関する情報提供をし、自己決定を強制するようなことはあってはならない。**患者には知る権利とともに知らされない権利もある。患者の自己決定権はあくまでも権利であって、義務ではない**からだ。こうした患者に対しては、患者の立場や価値観などを十分に理解した上で、医師が患者のために最善と考える判断をすることが、逆に医師の重要な役割となる。医療における**パターナリズム**（➡論点3）が必要となるといってもよいだろう。しかし、これは旧来の医療におけるパターナリズムではない。患者の希望に応じて医師のパターナリズムが発揮され、しかも患者の立場や価値観などを十分に考慮している点で、患者の人権を尊重する医療といえる。

患者には「知る権利」とともに「知らされない権利」もある。また、患者の自己決定権はあくまでも権利であって、自己決定を強制されることはあってはならない。

最善と考える治療法が拒否されたら？

　治療をすれば命が助かるにもかかわらず、患者がその治療を拒否した場合、医師はどうすべきだろうか。医師には救命・生命保護義務があるわけだが、義務うんぬんよりも、そもそも医師であれば、目の前に治療さえすれば助かる命があれば、なんとかして助けたいと思うのが当然だ。エホバの証人信者輸血拒否事件というのはまさにこういう状況で起こった。信仰上の理由から輸血を拒む患者に対して、医師が患者の生命を救うために輸血を強行した事件である。2000年の最高裁判決では、患者の自己決定権を認め、医師に損害賠償を命じた。「判断能力のある成人患者は、いかなる診断手続きあるいは治療であれ、それを受けることを承諾あるいは拒否する権利を有する」（リスボン宣言）から、患者が事前に輸血の拒否を明確に意思表示している場合は、医師はこれを無視してはならない。

　では、医師は何もしなくてもよいのか？　そうではない。こうした輸血拒否のケースに限らず、患者の自己決定権の行使が、医師の考える最善の治療法と異なる場合は少なくない。その場合には、まず、自分の考える治療法がなぜ最善であるかを丁寧に説明し、それでも患者がそれを拒否し、別の治療法を選ぶ場合には、その治療法で最良の効果を上げるべく努力すべきであるし、そもそも患者が治療を拒否する場合は、治療を行わない状況でも患者の救命やQOLの向上のためにできるだけのことをすべきであろう。輸血拒否の場合であれば、無輸血で行える代替治療法がないかを探り、患者の救命やQOLの向上に最大限の努力をすべきであろう。

　医師は患者の自己決定権を尊重し、その上で、患者の救命やQOLの向上に最大限の努力をすべきだ。

患者が自己決定をなしえない場合は？

　患者が有効な自己決定をなしえない場合は、どうすればよいのだろうか。患者の意識がない場合、もしくは自己の意思を表明することができない場合はどうか？　患者が幼児であったり、知的障害があったりして十分な判断能力を有していない場合はどうか？

　患者の自己決定権の尊重の根底にあるのは、患者には自己の考え方や感じ方に基づいて自分の生き方や行動を決定する権利があるとする自律の原則だ。したがって、**どのような場合であれ、まずは、患者の考え方・感じ方を尊重することが大前提となる。**

　患者の意識がない場合、意識の回復が期待でき、しかも治療に緊急性を要しないのであれば、当然、意識の回復を待つことが望ましい。意識の回復が期待できない場合は、保護者・家族の判断を求めることになるが、この場合も、患者に意識があればこう考えるのではないか、こう感じるのではないかということを十分に考慮する（患者の意思を忖度する）ことが望ましい。

　判断力ある成人が負傷や疾病により自己の意思を表明できない場合は、直ちになんらかの診断・治療が必要な場合であろうから、まず、患者が事前に「こうした状況での治療を拒否する」という明示的な意思表示を行っていない場合は、患者の承諾があったものとして、救命・治療を行うことになる。もちろん、家族がいる場合は、家族の判断を求めることになる。この場合も患者の意思を忖度することが必要なのはいうまでもない。

　幼児や知的障害者についても、患者本人の考え方・感じ方を尊重することが大切であるが、まだ言葉も話せない幼児や重度の知的障害者の場合は、患者の家族に、原則として判断を求めることになるだろう。一概には判断できないが、たとえば小学生くらいになっていれば、患者本人の考え方・感じ方を尊重しつつ、家族の判断を求めることになるだろうし、障害の程度が軽い知的障害者であれば、患者本人の考え方・感じ方を尊重する治療を実現できるように、医師、患者、家族が十分に話し合って結論を出すことになるだろう。

患者が有効な自己決定をなしえない場合は、原則として、患者の感じ方・考え方を尊重する医療を目指して、その都度、個別・具体的に判断していこう。

「患者」という表現について

　バイオエシックスの考え方を踏まえれば、医療現場で、患者を「患者」と呼び捨てにすることは好ましくない。「患者さん」か、名前に敬称をつけて「○○さん」と呼ぶことが望ましい。しかし、医系小論文の場合は、そもそも資料文中で「患者」と表現されている場合が多く、また、英文資料の場合には「患者さん」などという表現自体がない。本書でも、「患者」という呼称を用いている。

　バイオエシックスの考え方を理解し、患者の人権を尊重した医療を目指そうと考えている受験生諸君であれば、小論文を書く場合にも「患者」と呼び捨てにすることに抵抗があるかもしれない。その場合は、答案作成の際に、「患者さん」と敬称をつけて書いてもむろん構わない。ただ、「患者の権利」「患者の自己決定権」などはこれでひとまとまりの語句であるから、このまま使用しても何の問題もない。

　「患者」と書くか、「患者さん」と書くかよりも、小論文の内容の方が大事なのだから、あまり神経質になる必要はない。ただし、資料文や設問文で「患者さん」という表現が使用されていた場合には、それに従った方がよいだろう。また、面接などでは、「患者さん」と呼んだ方が適切な場合もあることに注意したい。

IV

バイオエシックスの
重要問題

インフォームド・コンセントとは何か？

　医系の学部を目指す受験生で、インフォームド・コンセント（informed consent）という言葉を聞いたことがない人はいないのではないだろうか。インフォームド・コンセントは「説明と同意」と訳されたり、IC と略されたりするが、インフォームド・コンセントとカタカナで表記するのが一般的だ。

　まず、インフォームド・コンセントとは何かを理解しておこう。**インフォームド・コンセントとは、医師などが医療行為を行う際に、事前に、患者に対して、医療措置に関する様々な情報をわかりやすく説明し、患者がこれを理解した上で、その医療措置に同意を与えることだ。**この一連の手続きを経て、はじめて正当な医療行為を行うことができる。インフォームド・コンセントを得ることは医的侵襲である医療行為の違法性を阻却する要件の１つである「患者の承諾を得ること**正当な医療行為** (→論点1)」にあたる。なお、ここで注意したいのは、インフォームド・コンセントは形式的な手続きではないということだ。医師は一方的に患者に説明するのではなく、患者も一方的に自己決定権を行使するのではない。むしろ、医師のもつ情報を患者に提供し、患者も治療への疑問や抱えている不安、人生観などを医師に伝える。こうしたコミュニケーションにより、医師・患者が相互に情報を共有し、医師は患者を理解し、患者の自己決定を支えることができる。インフォームド・コンセントは医師・患者間のコミュニケーションにより、患者の自己決定権を尊重するプロセスである。

　インフォームド・コンセントは、患者の自己決定権を尊重する医療を行うための必須要件だ。

インフォームド・コンセントの意義

　ここで、旧来の「医の倫理」に基づく医療と**バイオエシックス** _{（➡論点3）}に基づく医療についてまとめておこう。

旧来の「医の倫理」に基づく医療	バイオエシックスに基づく医療
医療における**パターナリズム** 医師-患者関係は主従関係	患者の人権の尊重 医師-患者関係は協働関係
医師が患者のために最善と思われる医療行為を決定、患者はそれに従う。 　医師は患者に対して、情報提供を行う必要なし。	医師は患者に対して十分な情報提供を行う（インフォームド・コンセントを重視）。 　患者は情報を十分に理解した上で、承諾を与える（患者の自己決定権の尊重）。
↓ 医師依存型医療 （患者は医師に依存）	↓ 患者参加型医療 （患者が主体的に医療に参加）

　医療における**パターナリズム** _{（➡論点3）} においては、判断はすべて医師に委ねられるので、患者の拒否する治療や入院の強制も認められることになる。インフォームド・コンセントは、患者の自己決定権の尊重とともに、患者の望まない不必要・不当な医療措置から患者を守る役割も果たすことになる。また、インフォームド・コンセントは医療行為への患者の主体的な関与を促すものであり、その結果、患者の主体的・積極的な協力が得られもする。つまり、医療効果を高めることにもなるのだ。特に、生活習慣病の治療には、食生活の改善など患者の積極的な取り組みが不可欠なので、インフォームド・コンセントがもたらす医療効果は大きい。

> 　インフォームド・コンセントはバイオエシックスに基づく患者参加型医療を促進し、医療効果も高める。

6

患者主体の医療の実現

インフォームド・コンセントと患者の権利

インフォームド・コンセントは、**患者の権利** (→論点 5) と関連させて理解しておくことも必要だ。患者には知る権利がある。したがって、医師は患者に対して、病状や治療法に関する情報を提供する必要がある。また、患者には自己決定権がある。したがって、患者は診断手続きや治療を受けるか拒否するかを自分で決定することができる。これは患者自身が選択をすることでもあるから、インフォームド・コンセントはインフォームド・チョイス（informed choice）といわれることもある。

インフォームド・コンセントの流れ

医師の説明（情報の提供）　⟵ 患者の知る権利

↓

患者が理解する

患者の同意（医療措置の選択）　⟵ 患者の自己決定権

ところで、**論点 5** でも述べたが、**患者には知る権利もあれば知らされない権利もある。また、自己決定権は権利であって、強制される義務ではない。**したがって、患者が情報の提供を拒否する場合は、当然その患者の意思を尊重すべきである。しかし、原則として、医師は患者に十分な説明をし、患者の承諾を得た上で医療措置を実施すべきである。**インフォームド・コンセントは患者の自己決定権の前提であるから、患者に十分な判断力がない場合には、患者ではなく家族などに対するインフォームド・コンセントが必要となる場合もある。**

　患者には「知る権利」も「知らされない権利」もあり、自己決定権は権利であって義務ではない。インフォームド・コンセントは患者の意思を尊重して行う。

インフォームド・コンセントが必要とされる場面

　インフォームド・コンセントは、外科手術を行う場合はもちろん、診察や治療、予防接種や感染症の検査など、あらゆる医療措置に必要とされる。また、新薬の開発などの場合の医学的実験や臨床治験の場合にも、被験者の人権保護のため、インフォームド・コンセントが必要とされる。

> **インフォームド・コンセントはあらゆる医療措置に必要とされる。**
> **医学的実験や臨床治験の場合にも必要だ。**

 ## 医師が心がけるべきこと

　では、医師は患者にどのような情報を提供すべきなのか。インフォームド・コンセントの内容としては、以下のようなものが考えられる。

---

①病名や病状（診療所見、検査結果）
②医療措置の目的や方法、他の医療措置の有無
③医療措置の長所・短所、リスク、予後。複数の医療措置がある場合は、その相互比較
④医療措置を拒否した場合の利益・不利益
⑤治療費や入院費などのトータル・コスト

　訴訟社会アメリカでは、こまごまとした情報を記した分厚い資料が渡されるそうだが、少なくとも、患者が自分で医療措置を選択し、特定の医療措置を受けるか拒否するかを判断するに十分な情報の提供をすることが望ましい。また、その説明は、当然患者が理解できる言葉でわかりやすく行う必要がある。この説明能力も、医師に必要な資質の1つであり、医系小論文で、「～を知らない人に、～をわかりやすく説明しなさい」などという一見医療と関係がないような出題がされるのは、受験生の説明能力を見ようとしているのである。

インフォームド・コンセントにおいては、患者が自己決定をするために必要な情報をわかりやすく説明しなければならない。

日本社会におけるインフォームド・コンセント

インフォームド・コンセントは患者の自己決定権の尊重のためには欠かせないが、ここで1つ考えておかなければならないことがある。インフォームド・コンセントが発達しているアメリカの場合は、個人が意思決定の主体であり、意思表示を要件とする契約社会でもある。しかし、日本の場合は、個人の意思を明確に示したり、自己の責任で何かを決めたりするということに苦手意識をもつ人が多い。特に病気に関してはその傾向が強く、重病が疑われる場合には、成人であっても家族と共に病院に行き、診断結果を家族と共に聞くという人も少なくない。こうした日本社会の特殊事情を踏まえた上で、インフォームド・コンセントについて考えていくことが必要だ。これは、特に、ガン告知などの場合に問題となってくる。

とはいえ、インフォームド・コンセントはあくまでも患者の自己決定権に基づく医療を実現するための手続きなのだから、家族ではなく、患者に対して説明を行い、患者の同意を得ることがインフォームド・コンセントであることを忘れてはならない。

インフォームド・コンセントは「患者の自己決定権」を尊重する医療の大前提であり、説明を受け、同意をするのは患者である。

インフォームド・コンセントの位置づけ

エホバの証人信者輸血拒否事件 (➡論点5) に関する最高裁判決も、医師が輸血する可能性があることを告げないまま手術を行った点を問題にしている。つまり、医師が患者に十分説明をしなかったため、輸血の可能性のある手術を受けるか否かについて患者が意思決定する権利を奪った点を重

視して、医師に損害賠償責任を認めたのである。

インフォームド・コンセントは判例上確立された正当な医療行為の要件である。医療法でも「医師、歯科医師、薬剤師、看護師その他の医療の担い手は、医療を提供するに当たり、適切な説明を行い、医療を受ける者の理解を得るよう努めなければならない」と規定されており、**インフォームド・コンセントを医師の努力義務**としている。さらに、日本病院会が「『インフォームド・コンセント』について―病院の基本姿勢―」を発表し、それを受けて、インフォームド・コンセントの徹底を基本方針として、院内に掲示したり、ホームページ上で公開したりする病院も増えてきている。**患者との信頼関係を築く上でも、インフォームド・コンセントはきわめて大切である。**

> **インフォームド・コンセントは医師の努力義務であり、患者との信頼関係を築く上できわめて重要だ。**

病名告知はなぜ必要か？

インフォームド・コンセントを実行するには、また、患者の自己決定権を尊重する医療を実現するには、患者に病名はもちろん、病状や治療法などについて説明することが必要になる。患者の病気が容易に治療できる病気であれば、病名や病状を告げることは、別段難しいことではない。しかし、その病気が現代医療においては不治の病の場合はどうか？ 不治とまではいかなくとも、重篤な病気である場合はどうか？ これが病名告知、真実告知として取り上げられる問題である。

旧来の「医の倫理」に従うのであれば、患者に病名を知らせて無用な不安を与えることなく、医師が**パターナリズム** (➡論点3) に基づいて患者にとって最善と思われる医療措置をとればよかった。比較的最近までは、ガンとわかった場合は、患者には告げず、代わりに家族に知らせるのが普通であった。

しかし、**バイオエシックスの考え方に基づけば、患者に病名を告げるこ**

となしにインフォームド・コンセントを得ることは無理であるし、したがって、患者の自己決定権を尊重する医療もできない。また、病名告知をしないことは、患者が知りえた事実に基づいて、今後の有意義な生を選択する可能性を奪うことにもなり、患者の QOL を損なうことにもなる。

　結論的にいえば、不治の病であっても、重篤な難病であっても、**病名を告げることが患者の QOL を高め、患者の自己決定権を尊重する医療になるのであれば、病名告知をすべきであろう。**そして、その場合には単に告知をすればよいというのではなく、誰が、いつ、どこで、どのように告知するかを十分に検討し、患者の身体的・精神的・社会的状況を十分に考慮して行う必要がある。患者が医師よりも看護師に心を開いている場合は看護師を同席させたり、患者が落ち着いて話を聞ける場所を選んだりするなど、個々の患者に応じて、こまやかな気配りが必要となる。また、告知後の患者に対する身体的・精神的なケアが必要であり、時に社会的な支援も必要になる。十分なサポート体制を整えておくことが大切である。

> 病名告知は、患者の QOL を高め、患者の自己決定権を尊重する医療を実現するための条件である。

不治の病や難病の場合の告知の判断

　しかし、病名告知はあくまでも、患者の QOL の向上に役立つから行うべきなのであって、病名を告げることが患者の QOL を損なう場合は、病名を秘匿することも必要となる。この判断は非常に難しい。日頃から患者とコミュニケーションをもち、患者の人となりを理解していても、正確なことはわからない。冷静に受け止め前向きに生きてくれるだろうと判断した人が思いがけず激しく動揺し、落ち込んでしまうということもあるだろう。しかし、その場合でも、家族や医師をはじめとする医療従事者が患者の苦を分かち合い、患者を支えていくことはできる。患者自身も苦悩や悲嘆の末に、事実を受容し、病気と最後まで闘うか、静かに死を迎えるか、それぞれが自分の感じ方・考え方に基づいた充実した生き方を選び始める

かもしれない。逆に告知をしないことは、患者が告知を受けたならば選びえたであろう人生の選択権を奪うことになる。また、家族や医師をはじめとする医療従事者は、真実を隠したまま患者と向き合うことになり、患者と苦を分かち合うことは難しくなる。

このようなことを考えれば、患者が明白に告知を拒否している場合、告知が患者のQOLを損なうことが明白である場合以外は、**原則として、不治の病であっても、重篤な難病であっても、病名や病状を患者に告げることが望ましい**。患者から、自己決定の機会を奪ってはならない。

> 不治の病であっても、重篤な難病であっても、原則として、病名や病状を患者に告げるべきである。それが患者の自己決定権の尊重にもつながるし、家族や医師をはじめとする医療従事者が患者の苦を分かち合う医療につながる。

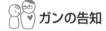 ガンの告知

ガン告知については、すでに、ガン告知マニュアルを作成し、本人へのガン告知を原則とし始めている病院もある。2005年頃から病名・病状告知が急速に進み、予後告知も拡大しているようだ。従来、初期であれば告知しやすいが、末期となるとなかなか難しいなどという意見もあったが、末期であればあるほど、告知が患者のその後のQOL向上に占める役割は大きくなる。

ガン告知を行う場合は、患者のQOLを高め、自己決定権を尊重するためであるという告知の目的がはっきりしており、患者に受容能力があり、医師–患者間に信頼関係があって告知後の患者のサポートが十分にできる体制が整っていることが条件となるだろう。また、告知にあたっては、患者の個別性を重んじ、必要性、条件、誰が告知するか、時期、場所、方法、段階的告知をとるか否かなどを検討する必要がある。特に、末期ガンの告知の場合は、告知は、患者が病気と闘う、もしくは、残された時間を有効に使うためになされるという原則を確認すべきである。また、告知にあた

っては、本人に伝えること、家族には先に知らせないことが原則ではあるが、日本社会の特殊性もあり、さらに、患者をケアする上で家族の役割はきわめて大きいので、患者が拒否しない場合は、家族にも一緒に話を聞いてもらうのがよいだろう。この場合、患者以上に家族が動揺する場合もあるので、家族に対するサポートも必要になる。

> ガン告知は原則として本人に行う。告知の目的の明確性、患者の受容能力、医師-患者間の信頼関係、告知後のサポートがガン告知の条件である。

 ## エイズの告知

エイズは正式には AIDS（後天性免疫不全症候群）といい、HIV（ヒト免疫不全ウイルス＝通称エイズウイルス）（➡論点19）に感染することによって引き起こされる。エイズがガンと異なるのは、感染力があるということである。もちろん、患者への病名告知は、ガンなどと同様、患者のQOLを高め、患者の自己決定権を尊重する医療の実現のためにも必要であるが、エイズの場合は、患者への病名告知は、感染防止という公衆衛生上の必要からも要請されることになる。つまり、患者に病名を告知し、感染を防ぐように、節度ある生活を求める必要がある。具体的には、献血・輸血、性交渉などの制限を求めることになる。

> エイズの場合は、感染防止という公衆衛生上の必要からも病名の告知が求められる。

 ## 遺伝病の告知

遺伝子診断（➡論点14）などにより、患者が重篤な遺伝病になる可能性がきわめて高いことがわかる場合がある。この場合、患者への告知はガンなどの告知と同様に考えていけばよいが、**遺伝子診断の結果はガン検査など**

の結果とは異なり、患者だけでなく、診断を受けていない患者の近親者にも及ぶことがある。患者の診断結果が、診断を受けていない患者の近親者が重篤な遺伝病になる可能性の高いことをも明らかにしてしまうことがあるのだ。遺伝子診断に同意し、また、遺伝病になる可能性の告知を望んでいる患者に対して診断結果を告げることは必要だが、その場合には、そのような情報を知りたくないと考えている患者の近親者の知らされない権利を侵害することのないように配慮する必要がある。

> 遺伝病の場合、患者の「知る権利」と同時に、患者の近親者の「知らされない権利」にも配慮する必要がある。

子どもへの告知

病名の告知は、インフォームド・コンセントの一環としてなされるわけであるし、インフォームド・コンセントは患者の自己決定権を尊重した医療を実現するために不可欠なものである。だから、逆に、患者に十分な判断力がなく、自己決定権が行使できないような場合には、患者ではなく、家族などに対するインフォームド・コンセントが必要となる場合もある。患者が子どもである場合には、子どもにではなく、家族に病名が告知されてインフォームド・コンセントの手続きが実施され、医療措置に関して家族の承諾を得ることもある。子どもに限らないが、特に患者が子どもである場合には、告知の是非は一律には決められない。アメリカでは、子どもに対してもエイズの告知を行うようだが、日本では、はっきりとは知らせないのが一般的であるようだ。いずれにしろ、子どもの判断力には個人差もあり、性格や感じ方なども異なる。さらに、患者が子どもの場合は、告知後のケアに家族の協力が欠かせない。子ども自身に受容能力があるかどうか、子どもが病名を知り、真実を知ることが、その子のQOLを高めることになるかどうか、家族が十分に告知後の子どもをケアできるかどうかなどを個別的に判断し、その上で、告知に踏み切るか否かを判断する必要がある。

子どもの判断力には個人差もあり、告知後のケアに家族の協力が欠かせない。様々な事情を個別的に判断して、告知に踏み切るか否かを判断する必要がある。

カルテ開示の最大の意味は？

　カルテは本来、医師が記録する「診療録」を指し、看護記録や検査記録などは「診療記録」と呼ばれるが、カルテ開示という場合は、診療録だけでなく、診療記録も含まれるのが一般的である。厚生労働省は2003年9月、患者や遺族から求められた場合、医療機関は原則としてカルテを開示しなければならない、というカルテ開示の指針を示している。カルテ開示の法制化や、遺族にカルテ開示を認めるかどうかなどには議論があるが、医療現場では、カルテ開示へ向けて動き出していることは間違いない。

　カルテ開示の最大の意味は、医師や医療従事者と患者が、医療に関する情報を共有することにある。医師が患者を信頼してカルテを開示する。患者はカルテの開示を通して、医師を信頼するようになる。**カルテ開示は、医師-患者間の信頼関係を築き、その信頼関係を深めていくのに重要な役割を果たす。**

> カルテ開示は、医師と患者の信頼関係に基づく情報の共有である。

 ## カルテ開示の様々な意味

　カルテ開示は、ほかにも様々な意味をもつ。

> ①患者の知る権利を尊重する。
> ②インフォームド・コンセントをより効果のあるものにする。
> ③医療の透明性が確保される。
> ④患者への開示を前提にカルテが記入されることで、カルテが公正な

ものになり、見やすく、わかりやすいものになる。

⑤患者は、自分の情報を管理し、自分の病状や診断・治療内容を把握
　することができる。

⑥日常的な情報開示が、医師の診療を丁寧にし、治療を充実させる。

　インフォームド・コンセント (⇒論点6) も医師–患者関係を変容させるも
のであったが、カルテ開示は、医師依存型医療を、患者が積極的に医療参
加する患者本位の医療へ変えるものともいえる。

　　カルテ開示は、患者参加型医療、患者本位の医療への一歩である。

 ## カルテ開示の判断

　旧来のパターナリズム (⇒論点3) に基づく医療であれば、患者はすべてを
医師に委ねて、受け身でいればよい。しかし、患者の自己決定権が尊重さ
れる医療においては、患者は医療措置の選択権をもつわけであるから、当
然、その選択の責任も自己にかかってくる。治療がうまくいかなかったと
きに、「あのとき、別の治療法を選んでいたら」と後悔することもあるか
もしれない。患者によっては、そういう責任を重荷に感じる人もいるだろ
う。その意味で、患者本位の医療は、患者にとって薔薇色の医療というわ
けではない。患者の主体性や積極性、医療知識の習得度、理解度が反映さ
れる医療でもあるのだ。

　カルテ開示においても、患者が診断や治療の詳細を知ることを重荷に思
う場合もあるだろう。患者には知る権利とともに、知らされない権利もあ
る。また、患者の医療参加は患者にとってのよりよい医療を実現するため
のものであるから、患者が開示を望まない場合には、患者に負担をかける
べきではない。カルテ開示は患者がそれを望む場合に限定すべきであり、
開示により、患者の自己決定権が有効に発揮され、結果としてよりよい医
療の実現をもたらすことを目的とする。

58

> カルテ開示も、情報の共有も、医療参加も、患者にとってのよりよい医療の実現のために役立つものでなくてはならない。

カルテ開示の課題とメリット

　カルテ開示には様々な課題がある。ドイツ語やラテン語、英語で書かれたカルテでは、開示されても読める人はごくわずかだろう。単にカルテを開示するだけでなく、外国語での記載や専門用語については医師の説明が必要となる。さらに、診療科や医師により異なっている病名や医療措置などの使用用語の標準化も必要である。また、記録の改ざんを防ぐため、訂正の際に直した人や内容、日時がわかるようにすることも必要である。そして、カルテは重要個人情報であるから、患者以外の人間に開示することのないように、カルテの管理・保管が厳密にされなければならない。

　カルテの電子化も進んでいる。総合病院では、これまで各診療科で分かれていたカルテを統一し電子化することで、患者も医師も、診療情報を一括して見ることができ、これまでの病歴、治療歴などもすぐに参考にできる。将来的には、一病院内だけでなく、地域の医療機関・保健施設をネットワークでつなげば、他の病院にかかった場合も電子カルテを見ることができ、より的確な診断や薬剤の投与、治療が可能になる。もちろん、この場合は、いっそうの情報管理の徹底が必要となることはいうまでもない。

　カルテ開示に代表される情報開示は、さらなる広がりを見せている。ホームページ上で、各診療科の症例数や治療成績のほか、治療法や検査法、どのような合併症や副作用がどのくらいの確率で起きたかなどを公開することを検討している病院もある。患者本位の医療を実現するには情報開示が欠かせない。医療機関や医師に関する患者の選択権、治療法に関する患者の選択権を保障するためにも、医療機関は情報開示に努めるべきだろう。

> 医療機関の情報開示は、患者の選択権を充実させる。

セカンド・オピニオンの役割

　患者の選択権を充実させる試みとしては、セカンド・オピニオン（second opinion）も見逃すわけにはいかない。セカンド・オピニオンとは、「主治医の診断や治療方針（主治医の意見＝第一の意見）に対する、他の医師の意見（＝第二の意見）」という意味であり、主治医による診断や、治療の説明のほかに、他の医師の意見も聞き、その上で納得して治療を受けたいという患者の希望にこたえるものである。すでに、セカンド・オピニオン専門外来を設けた病院もある。また、各種保険やクレジットカードの加入者への付帯サービスとして、セカンド・オピニオンの相談や専門医の紹介・手配の提供等が行われたりしている。

　セカンド・オピニオンの効用としては、まず、患者は他の医師の意見を聞くことで、主治医の診断の的確さや主治医の示す治療の妥当性を確認し、納得して主治医の治療を受けることができる。また、セカンド・オピニオンを求めた医師により、主治医とは異なる治療方針が示された場合は、患者の選択肢が広がる。主治医は、患者が「セカンド・オピニオンを聞きたい」とためらいなく申し出ることができるような医師-患者関係を築くべきであるし、セカンド・オピニオンを受けるのに必要な診療情報を快く提供すべきである。また、逆に、セカンド・オピニオンを求められた場合には、患者のために、誠実に対応すべきである。

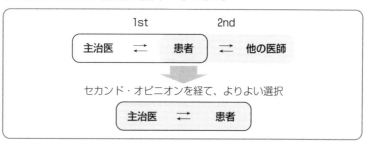

　セカンド・オピニオンは患者の納得できる医療の実現に役立ち、患者の選択権を充実させる。

「医療資源の配分」問題の出題意図

Q1　同じ病気で同じ症状の成人患者が 10 人いるが、薬は 5 人分しかない。薬は全部飲まないと効かない。君は薬をどのように配分するか？

Q2　君が救急病院にいるとき、ガス爆発に巻き込まれて負傷した患者が 2 人、同時に担ぎ込まれた。2 人とも意識不明で、直ちに手術を必要としている。一刻の猶予もない状態である。患者の 1 人は君の中学生の妹であり、もう 1 人は君が全く知らない中学生である。手術室は 1 つしかない。君はどのような行動をとるか？

医学部入試の面接でこんな質問を突然されたら、君はどう答えるだろうか？　また、医系小論文で以下のような問題が出たら、君はどう書くか？

Q3　カリフォルニア州の刑務所に服役する囚人が心臓移植を受けた際に、これに対して、「心臓移植を待っている患者は数多くいるのに、わざわざ州民の税金をたくさん使って囚人に心臓移植をする必要があったのか」という反応があった。この反応について、あなたの考えを述べよ。

これらはすべて、「医療資源の配分」の問題である。医療資源には、政府の予算、医療保険から、医師や看護師などの人的資源、病床や施設、医療機器、薬などの物的資源、時間や医療技術レベル、さらには臓器移植の臓器などが含まれる。資源が無限にあり、すべての人に公正に資源が配分されているのなら、資源をどう配分するかという問題は生じない。したがって、資源の配分の問題については、医療資源であれ、その他の資源であれ、

> ・資源が十分にあるのか、ないのか
>
> ・配分は公正か

を考えることになる。

　感染症が大流行したために、検査キットや感染症治療薬が不足し、検査を受けられない人、薬をもらえない人が生じたとする。これは、そもそも資源が不足していること自体が問題なのであるから、解決方法としては、資源不足を補い、十分な資源を確保するということになる。つまり、十分な量の検査キットを用意することと、流行しそうな感染症と患者発生数を正確に予測し、それに基づいて治療薬を用意することである。インフルエンザの場合なら、日本では、世界各地および日本国内の流行情報や国内外の分離ウイルスの抗原解析、遺伝子解析などに基づいて、流行ウイルスを予測しているから、こうした予測技術の向上を図ることも必要となる。

　また、日本の医師や医療機関の総数自体は全国民の生命や健康を守るのに十分な数であるのに、医師や医療機関が都市部に集中しているために、僻地や離島に暮らす人々は十分な医療を受けられない状況があるとすれば、これは、資源は十分なのに、配分が不公平であるために、一部の人しか利用できない状態にあるということだ。したがって、この問題に関する結論は、すべての人に平等に**医療アクセス権** (⇒論点 5) を保障するために、医療における地域格差を是正するようなシステムを構築するということになる。たとえば、自治医科大学は、学生に対して修学に要する経費を貸与し、卒業後、所定の期間、知事の指定する公立病院等に勤務した場合はその返還を免除するという措置をとることによって、地域医療に従事する医師を養成・確保し、医療における地域格差を是正し、地域医療の充実を図るために設立された大学である。

　医系小論文や面接で「医療資源の配分」に関する問題が問われる場合は、2タイプある。1つは、この感染症の例や医療の地域格差のような問題で、**受験生がその問題を知っているかどうか、さらに、そういう問題の解決方法を知っているか**を問うものである。このタイプでは、目指すべき理想（全員に検査キットと薬が行き渡ること、誰もがどこに住んでいても同じ

レベルの良質の医療を受けられること）ははっきりしているし、その理想を実現するための、もしくは、その理想に接近するための方法も明快である。だから、通常は、医療供給体制や医療制度の問題点を指摘し、その変革・充実化の方向を探ればよい。先進国と発展途上国の医療格差の問題やホスピスの不足・地域格差の問題などもそうだ。

　もう１つのタイプは、より難しい。たとえば、先に挙げた Q1〜3 はそれぞれ、薬、手術室（ないし医師）、臓器の絶対量が不足している場合であるから、基本的な解決方向は量的確保である。ところが、問題はさらに先にある。Q1〜3 の場合は、量的な確保という根本的な解決ができないという前提の下で、どのように配分の公正を保つかを問うているのである。つまり、知識が問われているのでもないし、国家や行政レベルでの考察、経済的・法律的なアプローチが期待されているのでもない。**すべての人に同じ水準の良質な資源が行き渡ることが理想だが、現実にはそれはできないという理想と現実のジレンマを前提に、このジレンマをどう解決するかを具体的な状況として設定することで、将来医師になろうとしている受験生のバイオエシックスへの理解や医師の資質・適性を見るタイプの問題である。**

> 「医療資源の配分」の問題はバイオエシックスの問題でもあり、医師の資質・適性を見るために出題される場合もある。

 ## 医療資源の配分問題と医療の基本

　こうした問題では、まず、理想と現実のジレンマを感じない受験生は、実はその段階で失格だと思ってほしい。Q1・2 のような問題が出たときに、まったく悩まないで結論を出し、その結論に満足している受験生は、医師としての適性がないということである。なぜなら、Q1 なら、どのような結論であっても全員に薬が行き渡ることはないし、Q2 なら、１人は直ちに手術を受けることはできないからだ。これは、とても満足できるような状況ではないはずだ。医師であれば、全員に薬が行き渡ることを願い、

できれば2人ともにすぐに手術をしたいと願うはずだ。

完全に満足できるような解決策がないとして、それでも君たちは答えを出さなければならない。では、どのような判断を示すべきだろうか？

まず、Q3をもう一度見てみよう。Q3では、州民の税金の配分の問題と、臓器の配分の問題が生じている。つまり、「医療に使える予算にも限りがあり、臓器も臓器移植を必要としているすべての患者に行き渡るほど十分にはない。そして、予算を無限大に増やすことも、臓器を十分に確保することもできない。それなのに、囚人に臓器を移植し、たくさんの税金を使用したことは、公正な配分とはいえない」と、この州民は主張しているのである。では、この州民の主張は正当だろうか？

最初に結論を述べておこう。君が医師を目指しているのなら、この州民の主張に同意してはならない。「臓器は稀少な資源であり、臓器移植に際しては、囚人より一般州民を優先させるべきだ」などと決して書いてはならない。なぜか？　人間の生命は身分や地位、貧富、国籍などにかかわらず、すべて尊く、平等だからだ。**生命の尊厳**（→論点4）は**医療の基本**だ。医師を目指す者であれば、生命の絶対的平等性を決して忘れてはならない。この州民の主張は、人間の生命を一種の社会的地位によって、価値のある生命と価値のない生命に分けて、囚人は一般州民よりも生きる価値がないと判断しているのである。

患者の地位や身分などの社会的価値を基準とする考え方は、ある意味わかりやすく、多くの人は自覚なく、人間を社会的価値で選別したりする。しかし、医療現場では、命の重さに優劣はない。まず、この**生命の尊厳、生命の絶対的平等性**を頭にたたき込んでおこう。

稀少な臓器はどのように配分されるべきか？　国内では臓器移植コーディネーターがこれを判断しているのだが、臓器移植レシピエントの優先順位は、たとえば、心臓・肝臓・肺の場合は血液型の適合性と緊急度で決定される。これに従えば、心臓移植を受けた囚人が、血液型が適合する心臓移植待機者の中で、臓器移植治療の緊急性が一番高ければ、この囚人をレシピエントとして決定し、心臓移植を行ったことに何の問題もない。

> 医療資源の配分問題を考える場合には、生命の尊厳、生命の絶対的平等性を忘れるな。

 医療資源の再配分

　新型コロナウイルス感染症 (→論点19) の感染拡大により人工呼吸器が不足した際には「配分」よりもいっそう難しい「再配分」の問題が生じた。2020年に「生命・医療倫理研究会」有志から出された「COVID-19の感染爆発時における人工呼吸器の配分を判断するプロセスについての提言（人工呼吸器配分提言）」は、人工呼吸器が払底した場合、「より救命の可能性が高い患者に使用するために、すでに装着した人工呼吸器を取り外す」ことを容認している。「救命の可能性がある」からこそ人工呼吸器を装着している患者から人工呼吸器を取り外す場合、比較されているのは生命の価値である。死亡した患者から人工呼吸器を取り外すのは当然であるし、人工呼吸器の数が限られている場合に、救命の可能性がない患者より救命の可能性のある患者に人工呼吸器を装着することは生命の尊厳の観点から認められる余地がある。さらに、人工呼吸器の装着により救命の可能性があり、その可能性が高い患者と低い患者がいた場合に可能性の高い患者を優先することも認められる余地がある。しかし、すでに人工呼吸器を装着している患者に救命の可能性がある以上、人工呼吸器を取り外し、より救命の可能性の高い患者への再配分を認めていくことには問題があるだろう。臓器移植後に、移植された患者よりその臓器の適合性が高い患者が出てきた場合に、移植を受けた患者から臓器を摘出することを容認できるだろうか？　たしかに臓器移植と人工呼吸器の装着は異なる。しかし、再配分にはこうした問題があることを意識しておくべきだろう。

> すでに治療を開始している患者の人工呼吸器を取り外して再配分することは、生命の価値や尊厳の観点から問題がある。

医療資源の配分の判断基準

医療資源の配分方法については、以下の 8 つが考えられる。

ⓐすべてを平等に分ける

ⓑ自分（医師）の利益を配分の基準とする

ⓒ患者の社会的価値（職業、地位など）や功労を配分の基準とする

ⓓ患者の資力、購買能力を基準とする

ⓔくじ引きや抽選で決める

ⓕ先着順で決める

ⓖ患者の医学的必要性（疾病の重症度および治療の緊急性）を基準とする

ⓗ治療効果の大きさを基準とする

ⓐは、Q1 のケースでは、半分では薬が効かないから、薬を無駄にすることになる。もし、その薬がないと死ぬというような事態であれば、5 人に渡せば 5 人の命を救うことができるのに、10 人に半分ずつ渡したのでは、1 人も助からないことになる。医療資源の貴重さや生命の尊厳を考えれば、この考えは認められない。また、Q2 のケースの手術室のように、物理的に 2 つに分けることなどできない場合もある。

ⓑは医療目的 (➡論点1) に反する。医師は、自分の利益を図るために医療を行ってはならない。

ⓒは、先ほど Q3 に関連して述べたように、生命の絶対的平等性の観点から認められない。また、こうした判断基準には、恣意性や偏見が入り込みがちだ。そうでなくても、価値観は多様であり、何に価値を見出すかには個人差がある。したがって、ⓒも認められない。

ⓓも、ⓒと同様であり、生命の絶対的平等性に反するから、認められない。また、医療は営利を目的とするのではない（「**医の倫理綱領**」(➡論点1)）。

ⓔは公平な方法ではあるが、重症患者と軽症患者を一律に扱うことは好ましくない。

⒡も公平ではあるが、軽症患者にわずかに遅れて重症患者が来院したような場合には、問題がないとはいえない。

⒣は、明快に治療効果が予想でき、しかもその治療効果を比較できるのであれば、有効な基準といえよう。しかし、しばしば、治療効果は正確には予想できないし、異なる効果のどちらが医学的に大きな効果であるかを判断するのが難しい。薬剤を注射して熱が下がる場合と血圧が下がる場合など、治療効果の大小が判断できない場合がある。

したがって、結局、医師が医療資源の配分を行う場合は、⒢の医学的必要性（疾病の重症度および治療の緊急性）を第一の基準とすべきであり、医学的必要性に大差がない場合は、⒡の先着順で決めるというのが、最も適切であり、医学的だといえる。

> 医療資源の配分は、患者の医学的必要性を基準とし、医学的必要性に大差がない場合は、先着順にする。

バイオエシックスの原理に基づく判断

さて、基準が明らかになったところで、まず Q1 を見てみよう。Q1 の場合は、同じ病気で同じ症状とあるから、患者の医学的必要性は同じだと判断し、先着順に薬を渡せばよいだろう。では、もし、10 人の患者が同時に来院した場合（現実にはそんなことはないだろうが）ならどうするか。医学的必要性も、先着順も、配分の基準にならない。そんなときは、**バイオエシックス**（➡論点3）の基本にもどろう。

旧来の「医の倫理」とバイオエシックスの違い（➡論点6）は何だったか、思い出してみよう。旧来の「医の倫理」では、医師が患者のために一番よい医療措置を決定する。患者に対して、なんら情報提供をする必要はない。しかし、バイオエシックスにおいては、患者の自己決定権を尊重し、患者の QOL を高めるような医療を目指し、インフォームド・コンセントを実施する。

君は、Q1 の問題を前に、患者のためにはどんなふうに配分したらよい

かを、自分だけで判断しようとしていたのではないだろうか？　Q1 のケースは Q2 と違って、一刻を争うような緊急性・切迫性がない。時間はあるはずだ。バイオエシックスの理念に従えば、医師はまず、10 人の患者にきちんと事情を説明し、患者の考えを聞くべきだ。患者の中には、「それなら、私は薬はいりません」とか、「じゃあ、私はほかの病院に行きます」という人もいるかもしれない。バイオエシックスにおいては、医療は患者と医師の協働作業であるし、患者に対する情報の提供はインフォームド・コンセントの基本だ。つまり、同時に来院し、医学的必要性も同じ場合は、患者全員に状況を十分に説明し、患者の考えを聞き、患者の同意を得て薬の配分を行う。さらに、薬が行き渡らなかった患者に対しても、他の医療措置をとるなどの対応をする。これが、バイオエシックスの原理に基づく解答ということになる。

> 時間にゆとりがあり、患者の考えを聞くことができる場合は、患者にインフォームド・コンセントを行い、患者の自己決定権を尊重した配分を考えよう。

一刻の猶予もない究極の状況では？

では、Q2 の場合はどうか。Q2 の場合は、一刻の猶予もない状況だから、医師の裁量権 (→論点 3) の行使が認められる状況だ。君は医師として、直ちに的確な判断をしなくてはならない。とにかく、君は 1 人については、その生命を救うことができるのだから、直ちに決断をして、1 人の手術を開始すべきだ。そして、他の 1 人については、看護師などにできる限りの医療措置を行うように指示を出す。また、近くに手術が可能な病院があれば、そちらに転院させるなどの善後策を講じることが必要だ。ここまでは明快だ。

では、どちらの手術を始めるか？

災害時において、多くの傷病者が発生した場合、限られた医療資源（医療スタッフや医薬品など）を最大限に活用して、救助可能な傷病者を可能

な限り多数救うためには、どの患者を治療し、どの患者を搬送するかなどを決めることが必要となる。多数の傷病者がいる場合には、一般に、傷病者を重症度、緊急度などによって分類し、治療や搬送の優先順位を決めて、救助、応急処置、搬送、病院での治療を行う。これが START 法に基づくトリアージである。トリアージは生命の価値を比較することなく、生命の絶対的平等性を前提に、一人でも多くの人の生命を救うことを目的とする。同時来院である Q2 の場合も、同様に考えればよいだろう。優先するのは、患者の医学的必要性である。

分　類	識別色	傷病状態及び病態
最優先治療群（重症群）	赤色	生命を救うため、直ちに処置を必要とするもの。窒息、多量の出血、ショックの危険のあるもの
待機的治療群（中等症群）	黄色	ア　多少治療の時間が遅れても、生命には危険がないもの イ　基本的には、バイタルサインが安定しているもの
保留群（軽症群）	緑色	上記以外の軽易な傷病で、ほとんど専門医の治療を必要としないものなど
無呼吸群	黒色	気道を確保しても呼吸がないもの
死亡群		既に死亡しているもの、又は明らかに即死状態であり、心肺蘇生を施しても蘇生の可能性のないもの

（出典：東京都保健医療局　トリアージ）

　妹であるとか、見知らぬ中学生であるとかにかかわらず、君は、私情を交えることなく、医師として、2人の患者を手早くそして正確に診察し、医学的指標から症状の重症度と手術の緊急性を、冷静に、公正に判定しなければならない。そして、医学的必要性の高い方の患者を選ぶことになる。

　では、患者の医学的必要性が等しかったらどうするか？　しかも、直ちに手術をしなければ助からないというような状況であったら、どうするか？　現実には2人の患者の医学的必要性が等しいというような場合はまれだと思うが、こうした究極の状況を想定した質問を受けた場合、君はどちらを選ぶか？

ここからは正解はない。医学的必要性が等しくて、同時に来院しており、しかも、患者の考えを聞くことができない状況であれば、君がどちらを選択しても、医学的には非難されることはないだろう。自分の妹を選べば、妹は助かり、君の家族も喜ぶだろうが、もう一方の患者の家族からは批判されるだろう。逆に、自分の妹を選ばなければ、手術した患者やその家族からは感謝されるだろうが、君は妹を失い、君の家族からは責められるだろう。どちらをとっても、辛い決断になる。妹への愛情、医師としての使命感、生命の絶対的平等性などが頭の中を駆け巡る。

　逆にいえば、こうした究極の状況を想定した質問をされたとき、君の頭の中でこの３つが駆け巡り、決断の難しさに君が悩み迷ってしまうとすれば、その人間的な苦悩、医師としての苦悩に、君の医師としての適性はあるといえる。

　医療現場では、判断の難しいケースがいくつもある。そんなときには、生命の尊厳の尊重、医療目的、患者の立場に立って考えること、患者の人権の尊重と患者の QOL の向上、バイオエシックスの基本原理などを思い浮かべて、医師として苦悩しつつ、より的確な判断を下すべく、可能な限り努力するしかない。

V

死と医療

人生の最終段階を巡る医療

これまでは、末期ガンなどで治癒の見込みがなく、死期が迫っている患者に対するターミナル・ケアや苦痛の除去・緩和を中心とする緩和ケア（後に詳述する）を中心に、「人生の最終段階」を巡る医療やケアの問題が考えられてきた。現在でもターミナル・ケアや緩和ケアの重要性は変わらないが、それだけでは十分ではない。日本人の死因（→論点4）で見たように悪性新生物（腫瘍）、すなわち一般の人々がガンととらえている病気が死因の第一位ではあるが、心疾患・脳血管疾患の場合もあり、近年では老衰も増えている。

年齢を重ねるにつれて人は自身の死を意識し始める。また、なんらかの病気になったことを機に、人生の最期の時をどう過ごすかに思いをはせる場合もある。超高齢社会にあって、終末期ケアや緩和ケアに限定されない「人生の最終段階における医療・ケア」を考えるのがエンドオブライフ・ケアという考え方である。エンドオブライフ・ケアは、死を人生の一部としてとらえ、一人一人がその人らしく生き、その人らしく死を迎えることを支援していく。年齢や健康状態を問わず、「可能な限り疼痛やその他の不快な症状を十分に緩和し、本人・家族等の精神的・社会的な援助も含めた総合的な医療・ケアを行う」（「人生の最終段階における医療・ケアの決定プロセスに関するガイドライン」（厚生労働省））ことを目指す。本人の人生観や価値観を尊重することができるように、事前に、できれば死がなんらかのかたちで本人に意識されたときから、本人との話し合いを繰り返し、その時々の気持ちを尊重しつつ、医療やケアの方針を立てていくことが大切である。これがアドバンス・ケア・プランニングである。

　誰にも必ず訪れる「人生の最終段階」を支えていくのがエンドオブライフ・ケアである。

死と向き合う

エンドオブライフ・ケアは、他の医療やケアと同様、死にゆく人自身が主体となり、自身の人生と迎える死について考え、様々な判断をしていくことが求められる。本人だけではない。死にゆく患者と関わり、看取っていく家族等も死について考えることになる。さらにいえば、医師や看護師などの医療者も死と向き合うことになる。エンドオブライフ・ケアの考え方は、死に関わるすべての人が、死を軽視することなく、しかし、過度に死を恐れたり、タブー視したりせず、誰もが人生で避けることができない重要な出来事としてとらえ、死と向き合っていくことを前提とする。

デス・エデュケーション（death education）は「死への準備教育」と訳され、自分自身の死、あるいは身近な人の死をどのように受容するかを学ぶ教育である。人はなぜ死ぬのか、死んだ後どうなるのか、大切な人を失った悲しみをどうやって乗り越えるのか、といった問いから始まり、タブー視されがちな「死」と正面から向き合う。そして、生命の有限性を知り、だからこそ生命は尊く、かけがえのないものだと自覚する。デス・エデュケーションは、自らの生のあり方を考え、今ある生を充実させていく。デス・エデュケーションは、子どもの頃から成長や加齢に応じて、人生のその時々に必要とされるものであろう。

医師や看護師など医療者は一般の人よりも高い頻度で人の死を経験する。死と向き合う患者を支援し、死にゆく人を見送る、そして見送った後の患者の家族等を支援するわけだが、現実には患者の死は医療者にとっても大きな負担となる。患者の死から逃げることなく、そして、けっして「馴れる」ことなく、しかし、患者の死にうちひしがれることなく、毎日を過ごしていかなくてはならない。その意味で、死への準備教育であるデス・エデュケーションは、患者や家族等だけでなく、医療者にこそ必要なものでもある。

> 死と向き合い、死を受け止めていくことは患者だけでなく、家族らにとっても、医療者にとっても重要な課題となる。

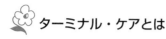# ターミナル・ケアとは

日本人の死因（➡論点4）で見たように悪性新生物（腫瘍）が死因の第一位であり、現在でもターミナル・ケアや緩和ケアの重要性は変わらない。特に末期ガンの患者に対するケアはエンドオブライフ・ケアにおいて十分な配慮が必要となる。

ターミナル・ケア（terminal care）は「終末期医療」と訳され、末期ガンなどで、医学的措置をしても治癒の見込みがなく、死期が迫っている患者に対して、患者が残された人生をその人らしく過ごせるように看護（care）する医療をいう。一般に、ターミナル・ケアにおける医療措置としては、延命のための治療（cure）よりは、痛みの除去や緩和のための緩和ケアが中心となる。また、患者の死への恐怖や不安をやわらげ、患者を支えるために、医師以外の様々な人々が協力し合い（**チーム医療**（➡論点1））、患者の死の受容を支え、患者のQOLを高め、その人らしいあり方で死を迎えることができるように支援していく。このようなターミナル・ケアを専門に行う医療施設をホスピス（hospice）という。

ホスピスにおいては、患者のQOLへの配慮と患者の家族のサポートに力点が置かれる。医療施設におけるホスピスに対して、患者が自宅で終末期を過ごす場合には「在宅ホスピス」という言葉が用いられる。

末期ガンに限らず、人はみなどこかで死を迎える。近年は施設で死を迎える人が多数を占めるが、病気になっても、高齢で介護が必要になっても（➡論点17）、できれば自宅でこれまでと同じように暮らしたい、自宅で死を迎えたいと思う人もいるだろう。ホスピス以外でも、その人らしいあり方で死を迎えることができるように支援していくことが必要である。

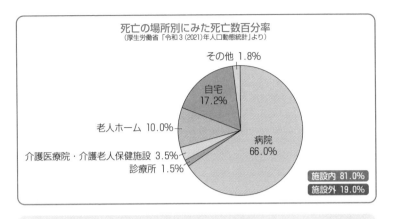

死亡の場所別にみた死亡数百分率
（厚生労働省「令和3(2021)年人口動態統計」より）

その他 1.8%
自宅 17.2%
老人ホーム 10.0%
介護医療院・介護老人保健施設 3.5%
診療所 1.5%
病院 66.0%
施設内 81.0%
施設外 19.0%

ターミナル・ケアでは、患者のQOLを高め、その人らしいあり方で死を迎えることができるように支援することが大切だ。

緩和ケアとは？

　耐えがたい痛みはその人の人格を変えてしまうこともある。様々な手立てを尽くしてもとれない不快感から、気持ちがふさいでしまう患者もいる。痛みは人のQOLを著しく損なう。治癒の見込みがなく、死期が迫っている末期患者に対するケアではこの苦痛の除去・緩和がとても大事になる。苦痛は身体的な苦痛に限定されない。身体的側面、精神的側面、社会的側面、霊的側面から成る全人的な苦痛である。

　たとえば末期ガンの患者の場合、ガンによる疼痛や全身の倦怠感などの身体的苦痛、不安、いらだち、孤独感、恐れ、うつ状態などの精神的苦痛、入院に伴う経済的な問題、家族関係のトラブルなどの社会的苦痛、そして、自分の存在意義を疑ったり、人生の意味がわからなくなったりするなど、人間存在の根源に関わる苦痛である霊的苦痛などを抱えている。こうした患者の全人的な痛みを除去・緩和し、患者が充実した余生を送れるようにすることを目的とする、患者への全人的ケアが求められる。

　医師は必要に応じて、患者の身体的な苦痛を除去・緩和するペイン・コ

ントロールを積極的に行っていく必要があるが、患者の苦痛のすべてに対応できるわけではない。全人的な痛みに対する全人的なケアにおいては医療者だけでなく、患者の家族や友人、地域の様々な専門家などと協力していくことが必要である。

　ターミナル・ケアにおいては、医師、看護師、ソーシャルワーカー、心理カウンセラー、宗教家、哲学・倫理学者、ボランティアなどがチームを組んで、患者に全人的ケアを行っていく。患者が病気に関する不安や恐怖心、医療に対する不満などをもっていても、医師には話しづらい場合もある。そうした場合も、宗教家やボランティアには気軽に話せたりすることもある。また、残された家族の生活費などの問題にはソーシャルワーカーが相談にのる。医師は患者の QOL を高めるべく、疼痛の緩和に努力する。様々なスタッフがそれぞれの専門性や資質を生かし、協力し合って、患者と人間的な交流をし、患者をサポートしていくのである。

　また、ケアを必要としているのは患者だけではない。患者の家族が抱える苦痛の除去・緩和も重要な課題であり、家族の抱える全人的な痛みに対する全人的なケアが必要となる。この場合も様々なスタッフがそれぞれの専門性や資質を生かし、協力し合って、家族と人間的な交流をし、サポートしていくことになる。

　　患者の苦痛は全人的な痛みである。したがって、ケアも全人的ケアでなければならない。

安楽死と尊厳死の違い

安楽死（euthanasia）や尊厳死（death with dignity）という言葉はしばしば使われるけれど、その概念を正確に理解している人は少ない。消極的安楽死と尊厳死を同一視したり、正当な医療行為として認められる安楽死を尊厳死と呼んだりするなど、用語の混乱も見られる。安楽死と尊厳死はともに「死を早める行為」を伴い、重なり合う場合もあるが、原則として違う概念として理解しておきたい。安楽死と尊厳死の違いを簡単に整理すると、以下のようになる。

安楽死・尊厳死それぞれの「死を早める行為」の違い

安楽死		尊厳死
不治の末期患者の耐え難い苦痛の除去・緩和	目 的	人間らしい死の実現
積極的方法・消極的方法・間接的方法	方 法	延命治療の拒否・中止

安楽死や尊厳死が小論文で出題された場合は、まず、そこで使用されている「安楽死」「尊厳死」という言葉の内容を吟味しよう。また、漠然と「安楽死」「尊厳死」がテーマとして出題された場合は、安楽死とは何か、尊厳死とは何かを説明する作業から、論を始めるとよい。この**論点 10**では安楽死、次の**論点 11**では尊厳死を扱う。内容を正確に理解して、混同しないようにしよう。

> 安楽死と尊厳死は重なり合う場合もあるが、安楽死と尊厳死の違いを正確に理解し、両者を混同しないようにしよう。

10

安楽死

安楽死は正当な医療行為か?

　ところで、安楽死と聞いて、君は何を思い浮かべるだろうか。末期ガンで病床にある患者が、苦痛にゆがんだ表情で、「先生、もう耐えられません。お願いですから、楽にしてください」とすがるシーンだろうか。安楽死は古くて新しいテーマである。過去には、川崎のある病院の医師が、入院中の患者から気管内チューブを抜き、鎮静剤や筋弛緩剤を投与して窒息死させたとして、殺人罪で起訴される事件があった。この医師の行為はなぜ、正当な医療行為とは認められなかったのだろうか。

　安楽死とは、不治の末期患者の耐え難い苦痛の除去・緩和を目的とする「死を早める行為」をいう。SOL を最重要視し、少しでも長く生きることが絶対に大事だと考える医療からすれば、安楽死は許されないということになる。たしかに、医療目的の根幹にあるのは **SOL の尊重** (➡論点 1) だが、同時に、現在の医療においては、患者が「生きる」だけでなく、「よりよく生きる」ことにも目を向けるようになっている。SOL は大事だが、ただ生きることだけを確保すれば、それで足りるというわけではない。より有意義で充実した生を実現していくことも、医療の重要な役割なのである。ここから、SOL を前提としつつも、患者の意思を尊重し、患者のQOL の向上に役立つのであれば、「死を早める行為」が正当な医療行為として認められる余地が出てくるのである。

> 　SOL を前提としつつも、患者の意思に基づき、患者の QOL の向上を目指す「死を早める行為」は、正当な医療行為と認められる余地がある。

 ## 安楽死問題でまず確認すべきこと

　だから、安楽死を考えるときは、まず、「死を早める行為」が患者の意思に基づいているのかどうかを確認しなくてはならない。もし、「死を早める行為」が、患者の意思に反して行われたり、患者の意思を確認しない

で行われたりした場合は、正当な医療行為として成立する余地はないということである。先の川崎の病院の事件も、患者は安楽死を望む意思表示をしておらず、それだけで、医師の行為が正当な医療行為と認められる余地はない。

> 患者の意思に基づかない安楽死が、正当な医療行為として認められる余地はない。

 ## 3種類の安楽死の区別と正当性の判断

安楽死が正当な医療行為として認められるのはどのような場合かについて、さらに検討してみよう。ここで大事なのは、一般に「間接的安楽死」「消極的安楽死」「積極的安楽死」といわれているものの区別である。

> **間接的安楽死**
> 　患者の苦痛の除去や緩和を目的とする医療措置が、結果として患者の死期を早めてしまう場合（例：鎮痛剤の注射）
> **消極的安楽死**
> 　死を避けるための投薬・手術・輸液等の医療措置をとらない、もしくは、すでに行っている医療措置を中止することで、死期を早める場合（例：人工呼吸器をつけない）
> **積極的安楽死**
> 　致死性薬物を投与するなどの措置をとることで患者の生命を絶つ場合（例：筋弛緩剤の注射）

間接的安楽死は、本来安楽死の範疇には入らないもので、QOL の向上を求める患者の意思を尊重して、延命よりも疼痛の除去や緩和を優先した結果、死を早めることになっただけであり、医師が行っている行為は「疼痛の除去・緩和を目的とする正当な医療行為」である。

消極的安楽死は、不治の病におかされ、死期が迫っている患者が、残りわずかな時間を苦痛に苛まれながら1秒でも長く生きるよりは、そのわず

かな時間がさらに短くなってもよいから、苦痛に苛まれる時間を短くしたいと願う場合などに行われうる。人工呼吸器をつければ余命は延びる。しかし、その延びる余命は、患者が耐え難い苦痛に苛まれながら生きる命である。それならば、人工呼吸器をつけることを拒否しようと患者が決断した場合、医師が、この患者の意思を尊重して、人工呼吸器をつけるという医療措置をとらないこと、これが消極的安楽死の一例である。

つまり、消極的安楽死は、不治の病で死期が迫り、しかも苦痛が激しい場合に、患者の QOL の向上を目的として、延命治療を行わない、もしくは、すでにとられている延命措置を中止するものであり、これは、「治療方法の選択に関する患者の自己決定権」を尊重する正当な医療行為とみなすことができる。

患者の QOL を重視し、患者の意思を尊重して、延命よりも疼痛の除去・緩和を優先して行うことで死期が早まる「間接的安楽死」は、正当な医療行為である。

不治の病で死期が迫り、しかも苦痛が激しい場合に、患者の QOL の向上を目的として、延命治療をとらない、もしくはすでにとられている延命措置を中止する「消極的安楽死」も、正当な医療行為とみなしうる。

 尊重されている患者の権利は何か？

というわけで、間接的安楽死と消極的安楽死については、「患者の明示的な意思表示があること」などの厳密な条件付きではあるが、正当な医療行為として認められている。ただ、ここで注意してほしいのは、間接的安楽死や消極的安楽死で尊重されているのは、**患者の生命処分権ではなく、患者の死の迎え方を選択する権利**だということだ（患者の権利 (→論点5)）。死を迎える際に、あらゆる延命治療を試してぎりぎりまで生き抜くか、それとも、過剰な延命治療はしないで自然に死が訪れるのを待つか、その選択権は患者にある。

とはいえ、人間の生命は何ものにもかえがたい価値あるものだ。間接的安楽死・消極的安楽死においても、医師が SOL を忘れ、安易に安楽死の措置をとるようなことはあってはならない。

> 尊重されるのは、治療方法の選択に関する患者の自己決定権であって、生命処分権ではない。間接的安楽死にしろ、消極的安楽死にしろ、医療の根本原理は SOL の尊重であり、医師は安易に安楽死の措置をとるべきではない。

積極的安楽死の法的側面

オランダ、ベルギー、ルクセンブルクなどでは積極的安楽死が認められている。オランダ、ベルギーは医師による自殺幇助についても法律で容認している。ベルギーの場合は、終末期であることは要件になっておらず、また、苦痛も拡大容認される傾向にある。しかし、積極的安楽死や医師による自殺幇助を認める国は世界では少数であり、宗教、死生観、人格観（脳や理性をどのくらい重視するか）などが大きく影響する。また、医療をめぐる考え方や社会の価値観なども国ごとに異なる。諸外国の判断をそのまま国内に適用することはできない。

国内ではどのように考えるべきなのか？

国内で積極的安楽死について考える場合には、**法的側面（積極的安楽死が殺人罪などの犯罪になるか）と医療倫理的側面（医療倫理の視点から積極的安楽死が正当な医療行為といえるか）**からの検討が必要になる。

法的な考察をする場合には、東海大学付属病院安楽死事件に関する横浜地裁判決が重要な指針となる。判決は、積極的安楽死が認められるための4要件を示している。

> ①耐え難い肉体的苦痛の存在
> ②死の不可避性と死の切迫
> ③苦痛除去のための代替的方法の欠如
> ④本人の意思表示

　わかりやすく説明しよう。①は、患者が「もう耐えられない」と苦痛を訴えていること。②は、現代医学の知識と技術から判断して、死が避けられず、しかも差し迫っていること。③は、苦痛を除去・緩和するために、現代の医療知識・技術レベルで尽くしうる限りの方法を尽くしたが苦痛が除去・緩和できず、死以外に苦痛を逃れる方法がないこと。④は、患者本人が十分な判断能力のある段階で、自発的かつ真摯に積極的安楽死を望み、それを医師に要請（嘱託）し、死に直結する一定の措置を受けることを明示的に承諾することである。

　この判例によれば、上記4要件を満たせば、法的には、積極的安楽死は正当な医療行為であると認められることになる。

> 　積極的安楽死にあたるような具体的事案については、まず、この東海大学付属病院安楽死事件の判決で示された4要件が満たされているかどうかを検討しよう。4要件が満たされていなければ、正当な医療行為とは認められない。

 積極的安楽死の医療倫理的側面

　では、上記の4要件が満たされていれば、医療倫理的な視点から見ても、積極的安楽死は正当な医療行為といえるのだろうか。答えは否である。積極的安楽死は正当な医療行為とは認められない。実際に、国内の病院の指針を見てみると、一様に、「わが病院では、積極的安楽死は行わない」と記されている。

　医療の目的は、何よりも患者のSOLの尊重にある以上、医師が患者の生命を絶つ積極的安楽死を安易に認めるべきではない。また、医療現場に

おいて尊重すべき患者の自己決定権とは、治療方法の選択に関する自己決定権であり、生命処分権ではない。筋弛緩剤を注射するなど死に直結する措置は、そもそも治療方法とはいえない。したがって、それを望む患者の自己決定は医療倫理の上で尊重すべき自己決定ではない。**積極的安楽死は、治療方法に関する患者の自己決定権を尊重する医療行為とはいえない。**

> 積極的安楽死は、医療倫理の観点からは、正当な医療行為とは認められない。判例の4要件を満たす場合でも、SOL の見地から安易に生命を絶つ行為を医療行為として認めるべきではないし、そもそも尊重すべき患者の自己決定権はあくまでも治療方法に対する選択権であり、生命処分権をも含むものではない。

安楽死を望む患者に対して何をすべきか？

　医療の目的は、まずは、人間の SOL の尊重にある。とすれば、医師が患者の生命を絶つ積極的安楽死を安易に認めるべきでないのは明らかだ。君たちだって、患者の生命を救うために医師になりたいのであって、患者の生命を絶つために医師を希望しているのではないはずだ。この当たり前のことをまず確認しておこう。

　末期患者が「苦しいから殺してくれ」と訴えた場合、医師がすべきことは何だろうか。患者にいわれるままに筋弛緩剤を注射することだろうか。医師がすべきことは、他の医療従事者と協力して、まず、その痛みを除去・緩和するために最大限の努力をすることであり、次に、苦痛のせいで穏やかな終末期を迎えることができない患者の精神的なケアに努めることだ。**ターミナル・ケア**（→論点9）における全人的な痛みのケアの重要性を確認しよう。

> 末期患者が苦痛に悩まされ「死にたい」と口走るようなことがあったら、まず、苦痛の除去・緩和に全力を尽くすべきだ。ターミナル・ケアにおける全人的な痛みのケアの重要性を確認しよう。

安楽死の違法性が阻却される条件

　ところで、消極的安楽死について確認しておきたいことがもう１つある。消極的安楽死が正当な医療行為と認められるのは、医師によってなされた場合だけだということだ。医療措置を中止する決定をする権限のない看護師や患者の家族が人工呼吸器をはずした場合は、正当な医療行為として違法性が阻却される（犯罪の成立が妨げられる）ことはない。**安楽死にあたる行為の違法性が阻却されるのは、その行為が医師によって行われ、患者の意思表示に基づくなどの一定の条件を満たす場合だけであること**を確認しておきたい。

　また、ここで慈悲殺にも触れておきたい。医師や看護師、患者の家族が、患者が苦痛に苛まれている様子を見て、見るに耐えないと思い、患者の意思表示がないにもかかわらず、死なせてやった方が幸せであると判断し、患者を死なせる場合を慈悲殺という。なんらかの医療措置をなす場合もあれば、医療措置を中止する場合もあるだろう。いずれにせよ、**これは患者への同情からなされた行為であるにせよ、患者の意思に基づくものでない以上、違法性を阻却するものではない。**

　　安楽死の違法性が阻却されるのは医師による正当な医療行為とみなされる場合だけである。
　　慈悲殺は患者の意思に基づくものでないから、安楽死として違法性が阻却される余地はない。

論点 11 | 尊厳死
尊厳死は正当な医療行為か？

尊厳死登場の背景

論点 10 でも述べたが、安楽死と尊厳死を混同する議論があるので、まず、両者の違いを確認したい。

安楽死は古典的なテーマだが、尊厳死は生命維持装置など医療技術の発達との関連で登場した新しい考え方である。医療技術の進歩によって、輸血、高カロリー輸液、心臓マッサージ、人工呼吸器などの延命措置が発達し、末期状態にある患者の延命が可能になってきた。点滴、尿管カテーテル、心電図モニターのコードなど何本もの管が体に取り付けられてベッドから身動きできない状態を**スパゲッティ症候群**（➡論点4）とかスパゲッティ状態と呼ぶが、このような**延命治療**（➡論点4）が実施されるようになったのである。

従来の医療は、患者の生命を延ばすために最善の努力をするものであったが、はたして、このような延命治療が、患者にとってよい医療といえるだろうか。むしろ、患者を苦しめ、人間としての尊厳を害する結果になっているのではないか。医療技術の進歩によって可能になった過剰な延命治療や延命至上主義（患者を少しでも長く生かすことが一番大事だという考え方）に対する批判と反省が、尊厳死の背景にはある。

> 尊厳死は、医療技術の進歩がもたらした過剰な延命治療に対する批判と反省を背景にもっている。

尊厳死は正当な医療行為か？

尊厳死は、過剰な延命治療を行わない（自然死を過剰に引き延ばさない）で、自己の尊厳を保ちながら、寿命が来たら自然に任せて自分らしく

死を迎えるという死に方である。どのような死に方が自分らしい死に方であるか、どのような死に方であれば自己の尊厳が保てるかは、患者本人にしかわからない。患者自身が一定の死の迎え方を選択した場合に、患者の意思を尊重して医療を行っていくというのが尊厳死である。患者の権利を定めた**リスボン宣言** (→論点5) には「患者は、人間的な終末期ケアを受ける権利を有し、またできる限り尊厳を保ち、かつ安楽に死を迎えるためのあらゆる可能な助力を与えられる権利を有する」とある。また、世界医師会も、「治療を辞退する権利は患者の基本的権利であり、たとえこのような要望をかなえた結果として患者が死亡しても、医師は非倫理に行動したことにはならない」という声明を出している。

　尊厳死は、延命治療を拒否する患者の意思に基づく限り、正当な医療行為といえる。

尊厳死が患者に認める権利

　尊厳死は、患者に「死ぬ権利」もしくは「生命の処分権」を認めるものではなく、患者に「死の迎え方を選択する権利」を認めるものである。つまり、延命治療を受けて死を迎えるか、過剰な延命治療を拒否して、自然の寿命に委ねて死を迎えるか、どちらを選ぶかを患者は自己決定することができる。医師はこの患者の自己決定権を尊重して、患者の意思に従って、延命治療を行わない、もしくはすでに行われている延命治療を中止する。これが正当な医療行為としての尊厳死である。一般には、尊厳死は、終末期において、過剰な延命治療を拒否し、寿命が来たら自然に死を迎える、という患者の選択を尊重して、患者が自己の尊厳を保ちつつ死を迎えられるようにする医療行為をいう。患者が蘇生術を拒否することも含まれる。

　尊厳死は、患者に、延命治療の拒絶を、つまり、死の迎え方を選択する権利を認めるものである。

尊厳死が認められるための3要件と意思確認

　尊厳死は特殊限定的な状況において、延命よりも患者の QOL を重視し、患者の自己決定権を尊重する医療行為であるから、安易に尊厳死という用語を使用して、SOL の理念を忘れてはならない。生命軽視の「滑りやすい坂」を転がり落ちることのないようにしたい。以下の3つの条件を満たす場合にのみ、尊厳死は認められる。

①患者が、医学的に見て、回復不能の状態に陥っていること
②患者が尊厳死を望む意思表示をしていること
③延命治療の中止は、医学的判断に基づく措置として医師が行うこと

　安楽死と違い、耐え難い苦痛の存在は条件ではないことに注意したい。患者の意思については、原則として、延命治療を行うか否かの判断段階、もしくはすでに行われている延命治療を中止するか否かの判断段階で確認し、それを尊重する。

　　患者の意思は、原則として、延命治療を行うか否か、すでに実施している延命治療を中止するか否かを判断する段階で確認されなければならない。

 意思表示ができない場合の意思確認

　意識不明の状態になった場合には、患者は有効な意思表示ができない。延命治療を行うか否か、もしくはすでに行われている延命治療を中止するか否か、患者の意思を確認できない場合は、尊厳死は実施されえないのか？　このような状況でも、一定の要件を満たせば、尊厳死は可能である。

　患者はまず、十分な判断能力がある状態で、事前に尊厳死を望む意思を文書形式で明示しておくことができる。日本ではまだ法制化されていないが、病院によっては、独自にリビング・ウィル（living will）を記す文書を用意し、患者の尊厳死の意思を尊重する方針を出しているところもある。

また、患者は有効な意思表示ができるうちに、あらかじめ、自分の判断能力が失われた場合に希望する、もしくは希望しない医療措置を文書にしておくこともできる。これをアドバンス・ディレクティブ（advance directive）という。日本語では「事前の指示」と訳すのが普通だが、このアドバンス・ディレクティブにおいて尊厳死を望むリビング・ウィルを明示でき、また代理意思決定者を委任することもできる。こうしたリビング・ウィルがある場合は、患者の過去の時点での意思表示が持続的な効力をもつ。

患者の意思表示は、リビング・ウィルでも可能である。

 尊厳死はどのような医療か？

尊厳死については、インフォームド・コンセントとの関連からも肯定できる。十分な判断能力を有する患者が、末期状態において、医師から延命治療に関する説明を受ける。その上で、患者が延命治療を拒否した場合に、医師が患者の意思を無視して延命治療を実施すれば、それは患者の同意のない医療行為となる。この場合、延命治療を行わないことがむしろ、インフォームド・コンセントに基づく医療だといえる。この意味で、尊厳死は、患者の意思や自己決定を尊重し、残された人生の QOL を高めることを目指す医療である。尊厳死は、患者の QOL の向上と全人的ケアを行うエンドオブライフ・ケアの1つとして位置づけることができる。

延命治療には、人工呼吸器や心電図モニターの装着、人工透析、静脈への輸液や栄養補給のためのチューブ挿入などがある。患者はそのうちのどのような内容・範囲の延命治療を拒否しうるかが問題となる。この点については諸外国でも論議があるが、延命治療を実施しない場合でも、患者の苦痛の緩和に努め、除痰、排尿排便への配慮、身体衛生の保持といった基本看護を尽くすべきであることはいうまでもない。

尊厳死は、患者の QOL を重視するエンドオブライフ・ケアの1つである。

VI

先端医療と倫理

論点 12 脳死と臓器移植
日本の臓器移植の問題点とは？

脳死とはどのような状態か？

　臨終の場面といって、君たちが思い浮かべるのはどんなシーンだろうか。家族の見守る中、医師が患者の脈をとって、脈がないことを確認し、もしくは、瞳孔に光を当てて反応がないことを確認して、「ご臨終です」と告げるシーンだろうか。または、病院のベッドに横たわる患者の近くに置かれたモニターの画面が映し出されて、脳波がフラット（平坦）になるテレビドラマのワンシーンだろうか。

　従来、医学的な死の認定は、呼吸停止、心臓拍動停止、瞳孔の対光反射の消失の三徴候の確認によりなされる「三徴候説」に基づいていた。脳波測定が可能になってからは、これに脳波停止を加えるようになった。ところが、交通事故などで脳に大きな損傷を受けた場合、通例、患者はすぐ人工呼吸器などがつけられるが、その後の診察で、患者の脳機能が損なわれていて、脳機能の不可逆的停止（脳の機能が停止しており、今後回復することはない）が判明する場合がある。脳機能は不可逆的に停止しているから、呼吸中枢も機能を失い、自発呼吸ができない状態である。しかし、人工呼吸器など生命維持装置をつけているために、患者の心臓は動き続けているという事態が起こる。これが脳死状態である。

　　脳死状態とは、人工呼吸器など延命技術の進歩によりもたらされた状況で、脳機能の不可逆的停止が心臓の機能停止より先行する場合をいう。

脳死と植物状態の違いは？

　脳死とは、一般に、脳幹を含む脳全体の機能が不可逆的に停止した状態

をいう。脳幹は呼吸、覚醒、消化など人間が生きるために必要な最低限の機能を制御している。脳死状態では、脳幹にある呼吸中枢の機能が失われてしまっているから、自発呼吸はできない。つまり、脳死状態では、人工呼吸器なしで呼吸を維持することはできない。**脳死状態とは、生命維持装置により、呼吸が維持され、脳以外の身体の諸器官の機能が保たれている状態**なのである。だから、植物状態と脳死状態は異なる。**植物状態の場合は、大脳の機能は著しく損なわれているが、脳幹機能が全部または一部維持されている。**したがって、自発呼吸は可能であり、また、脳の機能が回復する可能性もある。植物状態にある患者の意識を回復させる治療法は近年目覚しく進歩している。脳死状態と植物状態を混同しないようにしよう。

　日本では、1997年6月に臓器移植法（旧臓器移植法とする）により、臓器移植を前提とした場合にのみ脳死を法的に判定するとし、脳死体からの臓器移植を認めることとなった。ここに、**脳死判定による死と、従来どおりの三徴候による死（心停止による死）という「二つの死」が存在する**ことになった。同じ脳死状態になっても、臓器移植を前提とする場合は、脳死判定基準に従って脳死判定がされて、その段階で患者は死んでいることになる（＝脳死判定による死）。逆に、臓器移植を前提にしない場合には、心臓が停止するまでは患者は「生きている」ことになり、心停止によって、初めて死が認定されるということになる（＝心停止による死）。

> 　脳死は脳幹の機能が不可逆的に停止しているから、人工呼吸器なしでは、呼吸が維持できない。植物状態は脳幹の機能が全部ないし一部維持されているから、自発呼吸が可能である。

臓器移植の位置づけと課題

　臓器移植においては、臓器提供者をドナー、臓器の提供を受ける患者をレシピエントという。1968年8月、国内初の心臓移植手術が、当時の札幌医科大学の和田教授によって行われた。当初は快挙として脚光を浴びたが、レシピエントは手術後83日目で亡くなり、この移植手術は、ドナー

の脳死判定、レシピエントの移植の必要性などに疑いがあり、また、和田教授は拒絶反応や免疫抑制剤に関する知識も経験もない状況であったことなどが明らかになった。人体実験を疑わせるような無謀な移植手術であり、ドナーに対する重大な人権侵害であったことが指摘され、ついに和田教授は殺人罪で刑事告発された。結果的には不起訴処分となったが、この事件は日本医学史に残る不祥事であり、移植医療に関する不信感を強く抱かせた。その結果、この事件直後は、国内での臓器移植、特に脳死体からの臓器移植については、ほとんどタブー視されるような状況であった。

　臓器移植は、患者から機能不全に陥っている臓器を取り出し、他者の臓器を移植することによって、患者を治療する医療行為だ。臓器移植により、時には患者の生命を救い、時には患者の生活の質を著しく向上させることができる。臓器移植は、患者の SOL を尊重し、QOL の向上を目指す医療であり、国際的にも普及している。国内でも、旧臓器移植法制定により、ようやく和田心臓移植事件を乗り越え、脳死体からの臓器移植が可能になった。しかし、臓器移植には、臓器の提供者を必要とするという特殊性があるため、通常の医療とは異なる人権的・倫理的な配慮が必要となる。移植医療を推進していくためには、医療従事者が人権や倫理面に十分な配慮をすることが必要であり、同時に、ドナー、レシピエントのプライバシーに配慮しつつも、情報の公開を原則とすること、医療機関や政府などが臓器移植に関する広報活動を行って国民の理解を深め、社会的なコンセンサスを形成していくことなどが必要となる。

　臓器移植は国際的にも普及している正当な医療行為であるが、移植を推進するためには、人権的・倫理的な配慮、情報公開、社会的コンセンサスの形成などが必要である。

新・旧臓器移植法の異同点と問題点

　さて、旧臓器移植法は 2009 年夏に改正がなされた。新・旧臓器移植法の異同点を見てみよう。

新・旧臓器移植法の異同点

旧臓器移植法		新臓器移植法
脳死は臓器提供が予定される場合に限定し、脳死判定の実施には本人の事前の書面（ドナーカード）による合意と家族の同意を要する。	脳死判定	脳死を人の死とする。家族に脳死判定拒否権を認める。
本人の書面による意思表示と家族の承諾を要する。	提供意思の確認	本人が拒否しない限り、家族の同意のみで可能とする。
15歳未満の者には書面による意思表示の効力を認めない。6歳未満の者には脳死判定を行わない。	子どもの臓器提供	年齢制限を撤廃する。
認めない。	親族への優先提供	認める。

新臓器移植法では、先に述べた「二つの死」を解消すべく、脳死を一律に人の死とすることになった。しかし、脳死を人の死とすることについては、反論もある。今後も議論を継続する必要があるだろう。

さらに、脳死体からの臓器移植を家族の意思のみで可能にするとしたことで、心停止死体からの臓器移植との整合性を図ったわけだが、これについても議論がある。そもそも、患者の自己決定権に基づく医療の実現を目指すという基本姿勢に立てば、むしろ、本人の意思のみで臓器提供を可能とする方向での統一が望ましいともいえるからである。また、身体と人格の関係をどう考えるか、身体の所有・管理・処分を他の財産と同様に考えることができるのかなど、倫理的にも、法的にも多くの問題がある。

たしかに従来は、本人が明示的に脳死後の臓器提供の意思表示をしていなかった場合、また、本人が明示的に意思表示をしていても家族の同意がない場合には、脳死判定もなしえず、もちろん、脳死後の臓器提供もなされなかった。臓器を待つ多くの患者の SOL や QOL を考えれば、より多くの臓器提供が可能になることが望ましい。しかし、そのために、脳死状態にある患者の人権や SOL が損なわれることはあってはならない。

脳死判定および臓器移植の意思表示について

	死の認定	ドナー	臓器提供の意思表示・承諾
生体からの臓器移植	なし	生体	ドナー本人
心停止死体からの臓器移植	三徴候死	心停止死体	家族
脳死体からの臓器移植（旧臓器移植法）	脳死	脳死体	ドナー本人＋家族
脳死体からの臓器移植（新臓器移植法）	脳死	脳死体	家族

　やむを得ず脳死状態になった患者の尊い意思を生かし、貴重な臓器を無駄にすることなく、臓器提供を待つ患者の命を救い、QOL を高めていくために活用するのが、脳死体からの臓器移植であることを忘れないようにしよう。

提供意思確認の方法と課題

　臓器提供の意思確認の方法については、本人が明示的に同意している場合にのみ摘出を行うオプトイン方式（承諾意思表示方式）と、拒絶の意思表示がない限り提供に同意しているとみなすオプトアウト方式（拒絶意思表示方式）がある。オプトイン方式よりもオプトアウト方式の方が、同意の意思はあっても書面にするチャンスを逃していた潜在的提供同意者の意向を反映することができる。この点で、オプトアウト方式をとること自体に利点はあるが、新臓器移植法の場合は、本人が臓器提供を望んでも家族の同意が得られない場合には、臓器提供ができない。これは、本人の自己決定権を尊重する立場からは、問題があるといわざるをえない。「臓器提供をしたい」という脳死者の尊い意思を生かし、稀少な臓器を無駄にしないためには、脳死者の意思を最大限に生かすことができるようなシステムを構築することが望ましいと思われる。

　また、新臓器移植法では家族に決定権が委ねられるために、家族の心理的負担は大きくなる。脳死状態の患者の家族に、臓器移植を強いるような

ことがあってはならない。また、家族が患者の死を看取り、その死を受容する「看取りの時間」をきちんと確保する必要もある。

> 新臓器移植法においても、ドナーの意思が十分に尊重されることが望ましいことに変わりはない。また、重い決断を迫られる家族を、医療従事者が十分にサポートすることが必要である。

子どもからの臓器移植についての課題

重い心臓病の幼児が、多くの人から寄付を集めてようやく海外で心臓移植を受けられることになり、空港から飛び立っていく。そんなニュースを見たことがあるのではないだろうか。旧臓器移植法は、臓器提供の意思表示可能な年齢を 15 歳以上としたために、国内では脳死体の子どもからの臓器提供はできなかった（6 歳未満の子どもについては脳死判定基準もなかった）。心臓のような基幹臓器は、生体（生きている人）からの移植は絶対に不可能である。誰かの生命を救うために他の誰かの生命を犠牲にすることは、**生命の絶対的平等性**（→論点8）の見地から絶対に許されない。しかし、心停止後の心臓移植では成功率が低い。したがって、脳死体からの心臓移植がどうしても必要となる。小さな子どもの場合、成人の心臓は大きすぎて移植できないし、心臓は肺や肝臓のように臓器の一部を切り取って移植することもできない。したがって、子どもの脳死体から臓器の提供を受けるしかないのだが、日本では、それが認められていなかった。そこで、海外で心臓移植を受けるという選択をせざるをえなかったのだ。

子どもの場合は、提供の意思表示をどう規定するかに関して難しい問題もある。親の意思表示のみで足りるとした場合には、親の虐待によって子どもが脳死状態に陥った場合の措置、子どもの商品化などが懸念される。

「国内でも、脳死からの臓器移植を、子どもについてもできるようにしたい」 患者を抱えた家族や現場の医師たちのこうした悲願が、旧臓器移植法の改正が急がれた一番の要因であったともいえる。また、国際的にも、日本人の海外での臓器移植への批判が高まってきたという背景があった。

患者の生命を救うという SOL の尊重の立場からも、また、患者の**医療アクセス権**（➡論点5）を保障する意味からも、国内においても、子ども（脳死体）からの臓器移植への道を開くことは大事だ。その意味で、新臓器移植法で、子どもについても、脳死体からの臓器移植が認められたことはよしとせねばならないだろう。

　しかし、子どもの場合は、脳機能が大人とは異なるために、脳死状態でも長期間心臓が動き続ける場合（長期脳死）もある。大人の脳死判定基準を満たしても、回復不可能とはいえないという主張もある。今後、脳死判定基準作成に向けて、慎重な議論が必要となる。また、先に述べたように、子どもの死因が親の虐待による場合がある。外傷などで虐待例をきちんと見分けるためのシステムを作る必要もある。新臓器移植法で子どもの臓器移植が認められるようになったものの、一方でドナーとなる側の子どもの人権侵害が生じないように十分に配慮しなければならない。

> 　重い心臓病の子どもを救うためにも、子ども（脳死体）からの心臓移植が認められたことはよしとすべきである。脳死判定についても家族の承諾についても、子どもの人権侵害が起こらないようにするには、今後の指針作りが重要な意味をもつ。

親族への臓器の優先提供についての議論

　臓器移植において、ドナーがレシピエントを指定できるかどうかについては、旧臓器移植法では、移植機会の公平性からも否定していた。稀少な医療資源の配分における公平性の確保が第一に考えられていたのである。基本的には、ドナーおよび臓器提供施設と、レシピエントおよび臓器移植施設の中間に、移植コーディネーターが入り、移植適応性、成功可能性（臓器の適合性を含む）、緊急度に加えて、待機時間を考慮し、公正にレシピエントの選定をしていくことが、稀少な医療資源である臓器を公正に配分する方法である（**医療資源の配分**（➡論点8））。臓器の公正・公平な配分は、臓器移植において、きわめて重要な原則である。

しかし、ドナーの生前の意思を尊重するという点から、また、ドナーが指定したレシピエント以外に対する臓器提供を拒んでいる場合（ドナーが特定の患者に対する臓器提供のみを望む場合）は、稀少な医療資源である臓器を無駄にしないという観点からも、健康なドナー（生体）からの移植の場合に準じて、血縁者または家族間に限定して、ドナーの意思を尊重してレシピエントの選定をすることも許されるだろう。こうした観点から新臓器移植法では、親族への臓器の優先提供を認めることとした。しかし、これについても、親族の範囲をどこまでにするかなど議論すべき点は残されている。

> 臓器移植の公平・公正性は重要であるが、ドナーの意思を尊重し、稀少な臓器を無駄にしないという観点から、親族への臓器の優先提供を認めうる。

臓器移植の技術的課題と未来

臓器移植を受けたレシピエントは、移植された臓器に対する拒絶反応を抑えるため、免疫抑制剤を服用しなければならない。免疫抑制剤は感染症に対する免疫力も低下させるため、感染症にかかりやすくなるという問題があり、副作用もある。最近では、免疫抑制療法もかなり進歩してはいるが、拒絶反応のない臓器があれば移植医療は格段に進歩する。ここから、**再生医療** (➡論点15) への期待が生じるわけである。

> 臓器移植には様々な問題があるが、患者の SOL の尊重、QOL の向上に役立つ医療であることから、原則として臓器移植を肯定的に理解していこう。それと同時に、新臓器移植法成立後も、まだまだ解決すべき課題は多いことを忘れないようにしよう。

論点 13 生殖補助医療技術
代理出産は認められるか？

生殖補助医療に臨む姿勢

社会環境の変化や自然環境の劣化などの影響によって不妊人口が増えているともいわれているが、一方で、生殖補助医療技術（ART＝Assisted Reproductive Technology）は急速に進歩し、不妊に悩む患者に ART を用いることも頻繁に行われるようになっている。不妊症は、受験生諸君には実感が湧かないかもしれないが、子どもをほしいと願う人にとっては辛い病気である。ART には倫理的な問題も多い。しかし、不妊症に悩む人にとって、ART は不妊症の治療、不妊症という疾病に由来する苦の除去・緩和を目的とする正当な医療行為であり、人工授精や体外受精などの不妊治療は保険適用となっている。また、患者の医療アクセス権を保障する見地からも、患者の人権、ことに女性のリプロダクティブ・ヘルス／ライツ（reproductive health and rights＝性と生殖に関する健康と権利〈子を産む権利を含む〉）を尊重する見地からも、医学部志望者であれば、ART に偏見などをもつことなく、医療行為として肯定的に理解すべきである。

ただし、患者が求めるままに ART を用いてよいというわけではないし、法律やガイドラインを無視してもよいというわけではない。また、外国で許されているからといって国内で許されるとは限らない。国家資格としての医師免許をもち医療に携わる以上、国内法を遵守し、ガイドラインに従うことは当然の義務であり、国内法やガイドラインに背く ART の実施は許されない。したがって、不妊治療として**クローン技術**（➡論点 15）を利用することはもちろん、**代理出産（懐胎）**も許されない。

> ART は、原則として、不妊症患者に対する正当な医療行為である。しかし、法律やガイドラインを守ることは医師の義務であり、それに反する ART の実施は許されない。

ART を利用する際の注意点は？

ARTの利用は、不妊症の治療および不妊症に由来する苦の除去・緩和という医療目的に限定すべきであり、自然妊娠に障害がある場合で、子どもがほしいという純粋で真摯な患者の願いをかなえるためにのみ実施されるものでなければならない。自然妊娠が可能なのに安易にARTを利用することを許すべきではないし、ARTを用いる場合も、できるだけ人工的な介入の少ない方法を用いるべきである。

> ARTの利用は医療目的に限定すべきであり、安易に用いるべきではない。

患者の自己決定権が制限されるケース

ARTという治療方法を選択するか否かは、患者の自己決定権に委ねられるのだが、ARTの場合は、患者だけの問題ではなく、生まれてくる子どもの生命や人権に関わってくる。一般に自己決定権には、他者に危害を与えない限りで尊重されるという他者危害の原則があり、ARTにおける患者の自己決定権も例外ではない。つまり、**ARTにおける患者の自己決定権**（⇒論点5）**の行使は、生まれてくる子どもの生命の尊厳や人権保障の観点から、制限を受ける場合がある**ということだ。

> 不妊症の治療および不妊症に由来する苦の除去・緩和を目的とするARTは原則として肯定されるべきだが、ARTによる子どもの誕生が、子どもの生命の尊厳を損なったり、子どもの人権を侵害したりする危険性がある場合には、患者（親）の自己決定権は制限される場合がある。

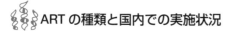
ART の種類と国内での実施状況

　さて、ここまでは ART について一般的に見てきたが、ART にも様々なものがある。(1)人工授精、(2)体外受精、(3)代理出産（懐胎）、(4)子宮移植について、個別的にその内容と問題点を見ていこう。

(1)人工授精

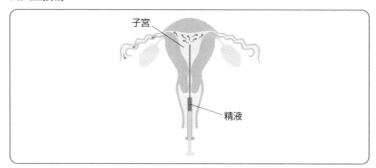

子宮

精液

人工授精の分類

	卵子	精子	妊娠・出産	国内実施
AIH＝配偶者間人工授精	妻	夫	妻	○
AID＝非配偶者間人工授精	妻	ドナー	妻	○

　一般に男性に不妊の原因がある場合に用いられ、**男性の精子を採取し、女性の体内に注入する（精子を授ける＝授精）方法**である。夫の精子を用いる場合（AIH＝Artificial Insemination with Husband's semen）と、夫以外の提供者（ドナー）の精子を用いる場合（AID＝Artificial Insemination with Donor's semen）がある。**国内では妻の体内に注入する場合に限定して、AIH、AID ともに認められている。**AIH の場合は授精に人工的な技術が介入しただけで、親子関係は自然妊娠と同様であり、問題はない。しかし、AID の場合には、戸籍上の父と生物学上・遺伝学上の父が異なり、血縁関係の混乱や子の親を知る権利の問題などが生じる。2020 年に成立した「生殖補助医療の提供等及びこれにより出生した子の親子関係に関する民法の特例に関する法律」では卵子提供の場合の親子関係などについて

は確定したものの、出自を知る権利や代理出産（懐胎）の可非については結論が先送りされた。子宮移植など新しい ART も開発され、実際に ART により子どもが生まれている。こうした現状への迅速な対応が求められる。生まれてくる子どもの権利や福祉、優生思想や商業主義の排除、人間の尊厳の厳守などを最低限の合意として、生殖医療全般にわたる法整備が必要である。

⑵体外受精（IVF＝In Vitro Fertilization）

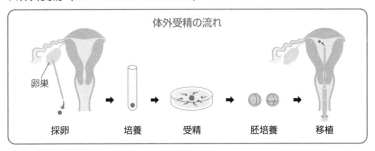

体外受精の流れ

採卵　→　培養　→　受精　→　胚培養　→　移植

体外受精の分類

	卵子	精子	妊娠・出産	国内実施
配偶者間体外受精	妻	夫	妻	○
非配偶者間体外受精	ドナー	夫	妻	×
	ドナー	ドナー	妻	×

　in vitro はラテン語で、英語で表すと in the glass。「試験管、シャーレなどの実験容器の中で」という意味だ。つまり、**女性の卵子を採取して、体外で（in vitro）受精させ、受精卵を培養して子宮に移植する（胚移植）方法**である。体外受精の場合、人工授精よりも人工的な介入の度合いは大きく、また、卵の採取・注入の際の危険はもちろん、卵を採取する場合に通例は排卵誘発剤を用いるために、その副作用など母体への負担が大きい。さらに、作製された複数の受精卵がすべて子宮に移植されるわけではなく、使われなかった胚は廃棄されたりする。生命の萌芽である受精卵の廃棄には倫理的な問題がある。さらに、妊娠を確実にするために複数の胚を子宮内に移植することから、多胎妊娠が多数発生するようになった。多胎妊娠

は母体に負担をかける。また、多胎出産を避けるために減数（減胎）手術が行われる場合は、生命の尊厳に関する倫理問題が生じる。

　妻の卵子と夫の精子を用いる場合は、親子関係には問題はない。しかし、ドナーの卵子を使用する場合は、AIDと同様、血縁関係の混乱や子の親を知る権利の問題などが生じる。現在のところは、**国内では体外受精は配偶者間に限って認められている**。しかし、AIDでドナーの精子利用を認めているのに、体外受精でドナーの卵子利用を認めないのはバランスを欠くという指摘もある。日本生殖医学会の常任理事会は、2009年春にドナーからの卵子提供による体外受精を条件付きで認める方針を出している。

　さらに一歩進んで、ドナーの精子とドナーの卵子を用いた体外受精や余剰受精卵を譲り受けて胚移植をするという方法も考えられる。実際に、日本生殖補助医療標準化機関（生殖補助医療を積極的に進めている医療施設のネットワーク）は独自の指針を作成し、実施段階に入っている。

　不妊に悩む患者やその患者を救いたいと考える医師は多い。また、一方で、AIDで生まれた子どもたちが自分の出自に関して深刻な悩みを抱えているという状況もある。体外受精でもドナーの卵子や精子を用いれば、生まれてくる子どもたちにAIDと同様の、もしくはそれ以上の深刻な問題が発生する可能性がある。代理出産（懐胎）も含めて、ARTのどれをどういう条件で認めていくか、また、AIDなどから生まれた子どもの出自を知る権利をどう保障していくかなど、ART関連の法整備を早急に行う必要があるだろう。

⑶代理出産（懐胎）

代理妊娠・出産の分類

卵子	精子	受精方法	妊娠・出産	国内実施
妻	夫	体外受精	第三者	×
第三者	夫	人工授精	第三者（卵子提供者）	×
第三者	夫	体外受精	第三者（卵子提供者以外）	×

　代理出産（懐胎）とは、妻でない第三者に妊娠・出産を委ねる方法をいう。代理出産（懐胎）の大きな倫理的な問題点として、身体の道具化と商

品化が挙げられる。代理出産（懐胎）は、別の女性の子宮を、受精卵を育てる道具とみなしているが、女性の子宮は女性の身体活動によって維持されているのであるから、女性の身体を道具として使用するものである。また、代理出産（懐胎）は通例、代理母契約が結ばれ、一定の謝礼が支払われる。これは、妊娠・出産を賃金労働とみなすものであり、女性の子宮を、必然的に女性の身体を、商品化するものである。

　代理出産（懐胎）については、賛否両論がある。道具化・商品化にしても、食器洗い機で食器を洗う代わりにハウスキーパーに食器を洗わせる場合、明らかにハウスキーパーを道具として使っていることになるし、賃金を払っていれば商品化といえなくはないが、こうした道具化・商品化は許されているではないかという反論もある。しかし、食器がきれいになりさえすれば誰が行ってもよい食器洗いと、母となることと密接に結びつく妊娠・出産とでは、行為の質が違う。また、何よりも、行為者（ハウスキーパーと代理妊娠・出産を引き受ける女性）の身体的・精神的な負担に大きな差がある。したがって、他人に食器洗いをしてもらうのと、他人に妊娠・出産をしてもらうのとを一律に扱うべきではない。身体の道具化・商品化および行為の特殊性から生じる倫理的問題、代理妊娠・出産を引き受ける女性の身体的・精神的負担を考えると、代理妊娠・出産は認めるべきではないだろう。**わが国では、代理出産（懐胎）は認められていない。**

(4)子宮移植

　子宮移植は先天性の子宮欠損や病気等で子宮を摘出した女性に、第三者の子宮を移植し、子宮が正常に機能していることを確認した後に、妊娠・出産へと進む。子宮を移植したままだと免疫抑制剤の投与が必要となるので、出産後に速やかに移植した子宮を摘出する。子宮移植は、夫婦の受精卵を用い、子宮移植を受けた女性が自分の体で妊娠・出産することが可能であり、戸籍上の母子関係・親子関係もそのまま認められる。しかし、移植を受ける女性の負担も大きく、ドナーとなる人（母親や姉妹などの親族がなる可能性が高い）の負担も大きい。また、死体ドナーからの移植も考えられるが、従来の臓器移植法は、生命の維持に関わらない子宮の移植に

ついては規定していない。世界では年々子宮移植の実績が増えており、国内では代理出産（懐胎）が認められていないために、それに代わるものとして期待される側面もあり、検討すべき課題を残しつつ、国内でも臨床研究が開始されている。

> ARTについては、その具体的内容を正確に理解するとともに、国内で許可されているかいないかを確認しよう。

ARTの問題点と課題

これまでに述べた問題点を含めて、ARTに関連する問題点とそれに関連する議論をまとめておこう。

---

①母体に与える負担

ａ．卵子採取の際のリスク

ｂ．多胎妊娠のリスク

②生命の尊厳に関わる倫理問題

ｃ．減数（減胎）手術

ｄ．受精卵（胚）の廃棄

③人権問題

ｅ．生まれてくる子の人権

ｆ．出自（どのように生まれ、誰が親か）を知る権利

④人間の尊厳に関わる倫理問題

ｇ．精子、卵子、受精卵などの商品化

ｈ．子宮や身体の道具化・商品化、生殖の商業化

⑤社会的な秩序・家族観の混乱

ｉ．血縁関係の混乱

ｊ．精子、卵子、受精卵などの凍結保存を利用した、死者の子の出産

ｋ．非婚者、生殖年齢を超えた人の利用

---

①母体に与える負担

aについては、技術レベルの向上による安全性の確保を目指すべきである。bは②とも関連するが、技術レベルの向上により、必要最小限の卵子採取、胚作製、胚移植で済むようになれば多胎妊娠のリスクも少なくなり、減数手術を行う必要も、余剰受精卵およびその廃棄が発生することも少なくなる。

②生命の尊厳に関わる倫理問題

倫理的な配慮が必要なのはいうまでもないが、技術レベルの向上を目指すとともに、妊娠可能性とリスクを正確に検討し、できるだけ必要最小限の卵子採取、胚作製、胚移植で済むように努めることが必要である。

③人権問題

eについては、国内では許されないため、海外での代理妊娠・出産により誕生した子どもの戸籍の問題など、ARTによる子どもの誕生を予想していない法律についてはその不備を解消し、ARTの進歩や国内認可にあわせて法的整備を図る必要がある。また、ARTによって誕生した子どもが社会的な差別を受けないような権利保障と、差別をなくし、ARTに対する社会的なコンセンサスを形成するべく、国や医療機関による啓蒙活動が必要になるだろう。fについては、従来ドナーは匿名が原則であったが、不妊治療のルール作りを進めている厚生労働省の生殖補助医療部会は、生まれてくる子どもの福祉を優先し、生まれてくる子どもに対し、名前・住所などドナーを特定できる情報を開示することを認める方向で検討に入っている。情報開示を認めることでドナーが減少しても、子どもの生物学上の親を知る権利の尊重を優先しようという方向である。

④人間の尊厳に関わる倫理問題

アメリカでは生殖ビジネスが成立しており、学歴や容姿などの条件で精子や卵子の価格が異なり、高学歴で容姿のよい女性の卵子には高い値段がついたりしている。国内においては、生殖医療にこうした優生思想（遺伝的要因に注目して、良質の遺伝的形質と悪質な遺伝的形質を分け、良質の遺伝的形質をもった存在だけが人類として生きる価値があると考えたり、人類から悪質な遺伝的形質をもつ存在を淘汰しようとしたりする思想）や

商業主義が入り込むのは阻止すべきである。g については、精子、卵子、受精卵の提供（卵子、受精卵については現在国内では提供そのものが認められていないが、認められた場合でも）は実費相当分の授受は認めるものの、無償を原則とすべきであり、また、h については、先に述べたように、認められない。

⑤社会的な秩序・家族観の混乱

i については、相続や婚姻などに支障が出ないよう法整備が必要となる。結婚を決意した恋人同士の女性の方が AID で生まれ、ドナーが男性のお父さんで、2 人は兄と妹だとわかってショックを受ける、などというテレビドラマのような話も、ART が普及すれば、現実に起こる頻度が高くなる。近親婚などを防ぐためにも、ART で生まれた子どもに対して、親に関する情報を開示することが必要になるだろう。j、k については、ART の利用は生存配偶者間に限定し、かつ、生殖適齢者に限定するという法規制を行うべきだろう。諸外国では、同性愛者ペアが ART を利用して子どもを得ているケースもある。しかし、国内では同性愛者の婚姻も認められておらず、現段階では、ART の利用は生殖適齢にある男女の生存配偶者間に限定するというのが、社会秩序の維持の観点からも、ART の利用を不妊治療目的以外に拡大しないという見地からも、望ましい。

> ART の実施には様々な問題点がある。技術レベルの向上、倫理的な配慮、法的整備・法規制、社会的なコンセンサスの形成、生まれてくる子どもの人権の保障、情報の開示、優生思想や商業主義の排除などが必要である。

ART に取り組む上で配慮すべきこと

ART は患者にとっても生まれてくる子どもにとっても、様々な問題をはらむ医療技術である。ART の実施に際しては十分なインフォームド・コンセントが必要であり、また、カウンセリングなどの実施後のケアも必要となる。子どもの誕生後は、子どもに対する、子どもの成長に応じた精

神的なケアも必要である。不妊に悩む患者といっても、様々なケースがあり、患者をとりまく状況も個人差がある。医師は患者の状況と個別性に十分な配慮をして、ART が本当に必要かどうかを検討するとともに、生まれてくる子の権利や福祉を考慮し、生命の尊厳も尊重せねばならない。一方では、患者の治療と苦の除去・緩和、自己決定権、医療アクセス権の尊重を目指し、もう一方では、生命の尊厳、そして、生まれてくる子の人権と福祉を尊重することが要求される。医師は、患者ごとにこれらを比較検討し、ART が本当に必要か、それ以外に方法がないのかなどを考え、慎重に取り組む必要がある。

> ART においては、患者ごとに ART の必要性、必然性などを考慮し、慎重に取り組む必要がある。

遺伝子研究の現状

犯罪捜査や親子鑑定などで用いられる「DNA 鑑定」だが、そもそも DNA とは何か？

遺伝子は親から子へいろいろな遺伝情報を受け継がせるものだが、遺伝情報は DNA（Deoxyribonucleic Acid＝デオキシリボ核酸）という分子の中に刻み込まれている。ヒトの体を構成している細胞の中には核があり、核の中には染色体の集まりがある。染色体を構成している基本物質が DNA であり、この DNA にはタンパク質を作る 4 種類の塩基、A（アデニン）、C（シトシン）、G（グアニン）、T（チミン）が並んでいる。この 4 種類の塩基の配列を DNA 塩基配列（DNA シーケンス）という。DNA がタンパク質を作るときには、対になった塩基が分かれ、2 本鎖の DNA が 1 本になる。この 1 本鎖の DNA の塩基が GAA ならグルタミン酸というように、3 つの塩基が一組で、1 つのアミノ酸を作る指令を出す。これが遺伝子（gene）であり、遺伝子は、いつ（when）、どこで（where）、どれだけ（how much）、どのような（what kind of）、タンパク質を作るかの指令を出す。遺伝子は体中のすべての細胞の中にある細胞の設計図といってもよい。1 個の生物を作るのに必要な最小限の遺伝子セットをゲノム（genome）という。

ヒトゲノムプロジェクト（human genome project）とは、ヒトの約 3 万の遺伝子、それを形作る約 30 億対の DNA 塩基配列を解読する国際的な計画であり、2003 年に解読完了が発表された。今後は、ゲノムから重要な遺伝子を探索する生命情報工学や、病気の起こる仕組みを DNA レベルで調べて新薬開発を目指すゲノム創薬、DNA からできるタンパク質の機能を解析する研究など、ポストゲノム研究に移っていくことになる。

> 遺伝子は体中のすべての細胞の設計図である。ヒトの全 DNA 塩基配列が決定され、各遺伝子の機能や DNA 多型を解明するポストゲノムの時代に入った。

遺伝子研究を行う上で必要な配慮

DNA を詳しく調べていくと、ヒトの DNA にはほとんど個人差はないのだが、ごく一部に個人によって少しずつ配列パターンが違っている領域（DNA 多型）がある。この DNA 多型が DNA 鑑定や遺伝子診断の場合のマーカー（目印）として用いられる。DNA 多型には、SNP（スニップ＝1 塩基多型＝Single Nucleotide Polymorphism）（複数形で SNPs ＝スニップスと呼ぶこともある）やマイクロサテライト（2 ～ 5 塩基対の反復単位が数個から数十個繰り返した反復配列による多型）などがある。たとえば、SNP では、A と T、G と C の組み合わせの一方に別の塩基が並んだり（変異）、一方が欠けていたり（欠損）する場合がある。こうした変異、欠損、重複など種々の多型を適切に組み合わせて解析すると、精度の高い個人識別（DNA 鑑定）や遺伝子診断ができるというわけだ。

遺伝子を調べることで、個人の遺伝情報に基づいた医療（**テーラーメイド医療、オーダーメイド医療**）が可能になる反面、遺伝情報に基づいた社会的差別や人権侵害も発生する可能性がある。したがって、遺伝子研究とその応用に関しては、人権侵害や社会的差別に対する十分な配慮とともに情報公開を行い、広く議論を起こし、社会的なコンセンサスの形成を目指すことが必要である。2023 年 6 月には、遺伝情報に基づく医療の推進とともに、個人の遺伝情報の適切な管理・保護、不当な差別の防止などを掲げる「ゲノム医療法」が成立した。今後は、各方面での具体的な対応が求められる。

> 遺伝子研究とその応用には、人権侵害や社会的差別につながらないような倫理的配慮と、制度的な整備が必要である。

遺伝子診断の目的と位置づけ

　遺伝子研究が進み、遺伝病（genetic disease / hereditary disease＝遺伝性疾患）以外にも、高血圧や糖尿病などの生活習慣病、アレルギー疾患、ガン、感染症に対する抵抗性なども遺伝子に関係していることがわかりつつある。遺伝子検査とは、特定遺伝子の存否、遺伝子の突然変異の有無、DNA多型のタイプなどを調べることをいうが、遺伝子検査を医療の一環として行うのが、遺伝子診断である。遺伝子診断は、疾病の予防、治療、投薬などの医療目的で行われることと、診断が患者のSOLの尊重、QOLの向上に役立つことを実施の条件とする。つまり、遺伝子診断は、単に遺伝子検査を行うのではなく、たとえば特定の遺伝病に関連する遺伝子変異の有無を調べることで、検査結果をもとに早期に治療を行うという医療目的のために実施されるのである。したがって、遺伝子診断は、診断結果に応じた疾病の治療、予防などの医学的措置、診断の前後の患者に対するカウンセリングを含めた全人的な支援など、一連の医療行為の一環として行われるものでなければならない。患者に対するインフォームド・コンセントの実施および自己決定権の尊重が必要なことはいうまでもない。

> 　遺伝子診断は医療目的で行われる医療行為であり、遺伝子検査はその医療行為の一環としてなされる。

遺伝性疾患の種類

　1つの遺伝子に重大な異常が存在するとほぼ100％その疾病が引き起こされるものを単一遺伝子病という。重症の先天性の疾病の多くはこの単一遺伝子病である。単一遺伝子病の種類は多いけれども、頻度は低い。単一遺伝子病については、患者の家系の発症前の家族や出生前の胎児について、遺伝子診断を行うことにより、発症の可能性を予測できる。これに対して、多くの疾病は多因子疾患であり、複数の遺伝子が関与する複数の遺伝的要因に、複数の環境要因が加わって発病する。心臓疾患、肥満、高血圧、各

種ガン、アルツハイマー病などが多因子疾患である。多因子疾患については、要因が複雑であり、現在解明が進められている。

> 遺伝子が関係する遺伝性疾患には、単一遺伝子病と多因子疾患がある。

遺伝子診断のメリット

遺伝子診断は、有効に利用すれば、遺伝病の予防・早期治療に役立つ。遺伝子診断により、多因子疾患に関連する遺伝子変異が見つかったような場合は、患者が自己の遺伝的特性を認識し、疾病にかからないように合理的に自己コントロールを行うことができれば、疾病の予防にもなり、QOLを高めることにもつながる。たとえば、糖尿病は複数の遺伝的要因と食事などの環境要因が大きな影響を与える多因子疾患であるが、遺伝子診断の結果、糖尿病の発症可能性が高いことがわかった場合は、患者が自分の健康を長期的に考え、食事やライフスタイルに注意することによって、糖尿病になるのを予防することができる。また、ガンは多因子疾患であるが、特定遺伝子の変異を親から受け継いでいる場合には、そうでない場合と比べて乳ガンにかかる可能性が格段に高くなるという発病予測が可能である。遺伝子診断の結果、この特定遺伝子の変異が発見されれば、医師は患者に乳ガン検診を頻繁に受けることを指示するなど、発病の早期発見に努めることができる。

遺伝子診断の結果、個人の遺伝的特質や、遺伝子の差異に起因する薬剤感受性などがわかれば、遺伝情報をもとにした個人個人に合った予防・治療を可能とする医療（テーラーメイド医療、オーダーメイド医療）が実現できる。これは不要な治療や投薬から患者を解放し、患者のQOLを向上させるだけでなく、無駄な治療や投薬を避けることができるから、医療資源（薬など）と医療コスト（治療費など）の節約にもなる。たとえば、高血圧も多因子疾患であるが、将来、遺伝的要因と環境要因およびその関係が解明されれば、遺伝子診断により、個人の体質に合わせて、必要な時期

に、必要な人だけに、必要最小限の高血圧治療を行えるようになる。

> 遺伝子診断は、疾病の予防、早期治療に役立ち、患者一人一人に合わせた医療が実現でき、患者の QOL の向上にも役立ち、医療資源や医療コストの節約にもなる。

遺伝子診断を行う上での配慮

しかし、遺伝子診断には問題もある。たとえば、ハンチントン病は単一遺伝子病で、遺伝子診断が可能だが、発病後 10〜20 年で死に至る病気で、現在のところ有効な治療法がない。このように、診断は可能だが、治療方法がないという病気の場合、**遺伝子診断は不治の遺伝病に罹患することを告知することになる**。発病後はもちろんだが、発症前の遺伝子診断は発病の可能性のある本人の自発的な意思によるものでなければならない。また、高血圧など多因子疾患については、現段階では遺伝子診断による発病予測は確率的なものにすぎない。ところが、発病の可能性にすぎないものが疾患そのものととらえられ、健康な病人を作り出してしまう危険性もある。

ハンチントン病の場合であれば、患者に十分なインフォームド・コンセントを実施した上で、患者の自己決定権に基づいて遺伝子診断を行い、診断の前後を通して患者に対する十分な精神的サポートを行う必要がある。遺伝子診断は、患者が診断を受けることで、不安定な状態から解放され、どのような結果が出ても、その後の人生をより有意義で充実したものにできるという患者の QOL の向上を目的とする場合に限定すべきだろう。

高血圧などの場合も、患者に対する十分なインフォームド・コンセントを実施することはもちろんだが、発病の可能性にすぎないことを事前に十分に説明し、診断後に関連遺伝子の存在がわかった場合は、疾病の予防に努め、患者の自覚的な生活改善を促すことで患者の QOL を高めることができるように、患者をサポートすることが必要である。

遺伝子診断は、診断はできるが治療方法がない場合や、発病の可能性にすぎないものが疾患そのものととらえられてしまう場合がある。いずれの場合も、十分なインフォームド・コンセントを実施し、患者のQOLの向上に努力する必要がある。

遺伝子診断がもたらす社会的影響

　ところで、遺伝子診断で得られた情報を第三者が利用することは許されるのだろうか。

　雇用者が採用予定者に遺伝子診断を義務づけ、遺伝情報をもとに採用の可否を決める。保険会社が保険加入条件として遺伝子診断を義務づけ、その診断結果によって、より高い保険掛け金を請求したり、保険加入を拒否したりする。このように第三者が遺伝情報を利用する場合には、それに基づく差別が起こる危険性が高い。たしかに、現在でも、医師の診断が生命保険加入の条件として要求される場合がある。また、君たちも大学の入学願書に健康診断書の添付を要求されることがある。しかし、これは、「現在の健康状態」、つまり「現在、健康であるかどうかという現実」を基準にして一定の選別を行うものである。ところが、遺伝子診断でわかるのは「将来の健康状態」であり、「将来、病気になるかどうかという可能性（将来の疾病発病の可能性）」である。発病の可能性はあっても、現在は健康であるし、発病の可能性についても、先に述べたように、単一遺伝子病はともかく、多因子疾患については、まだその発症の仕組みさえ明らかになっていない。

　オーストリアなど、保険会社が遺伝情報を利用することを法律で制限している国もあるが、国内ではまだこうした問題に対して議論が十分に尽くされていない。遺伝子診断は先に述べたように、医療目的で行われるから遺伝子診断なのである。したがって、第三者の利益や、遺伝情報による選別を目的とするような遺伝子診断は、そもそも正当な医療行為とはいえない。遺伝子診断は医療目的に限定すべきである。また、遺伝子診断結果が

流出し、第三者に利用されることがないように、情報管理には細心の注意を払うことが必要である。

　将来的には、まず、遺伝情報などの医学的情報を、雇用や保険加入の条件にすることの正当性と限界に関して、十分な議論を尽くす必要がある。その上で、どの病気に対し、どの程度の発病可能性があれば、どの職種について採用を拒否することが正当といえるか、また、保険加入の拒否や負担増が認められるかなどについて、一定の指針を作成することが必要だ。そして、同時に、遺伝情報により雇用機会を失った人に対する支援、遺伝情報により保険加入を拒否された人が発病した場合の医療費の援助などに関する社会保障制度や医療保険制度の整備が必要となる。

**　遺伝子診断はあくまでも医療目的に限定すべきであり、遺伝情報による選別を目的に遺伝子診断が行われることがあってはならない。**

遺伝子スクリーニングの問題点

　遺伝子診断は、医療機関で特定の患者に対して行われるだけでなく、将来、学校や職場などでの集団健康診断や人間ドックでの検査の中で行われるようになるかもしれない。こうした集団を対象とした遺伝子診断を遺伝子スクリーニングという。遺伝子スクリーニングの結果は、スクリーニングを受けた個人が、医療機関で個人的に受けた遺伝子診断と同様に、自己の健康管理や人生設計に役立てることもできる。しかし、遺伝子スクリーニングにおいても、遺伝情報を利用する場合には、様々な差別が生じる可能性がある。特に雇用者、学校、保険会社など第三者が有用な情報として活用する危険性が高い。

　小学校の健康診断の歯科検診で虫歯が発見されて早期治療ができたり、職場の人間ドックでコレステロール値が高いことがわかり、食生活の改善を図れたりというように、遺伝子スクリーニングも、受けた人が早期治療をしたり、疾病の予防をしたりするのに役立てるものであるなら、その限りでは、医療目的にかなうものといえる。しかし、**第三者がなんらかの選**

別をなすために遺伝情報を利用する目的でのスクリーニングは許されない。遺伝子スクリーニングについても、受ける人の疾病の治療や予防など、医療目的に限定すべきであり、同時に、医療目的で行われた場合は、得られた遺伝情報を他に漏らさないという徹底した情報管理が必要になる。

> 遺伝子スクリーニングは医療目的に限定すべきであり、行われた場合は、得られた遺伝情報の管理の徹底が必要である。

遺伝子検査・遺伝子研究の実施条件

遺伝子検査（遺伝子診断を含む）、遺伝子研究（遺伝子解析を含む）に共通の問題について、ここで考えておこう。

まず、被検者（診断の場合は患者）に対するインフォームド・コンセントが必要である。インフォームド・コンセントでは、検査・研究の目的、方法、精度、限界、結果の開示方法、判明した遺伝情報が被検者本人や家族にとってどのような意味をもつのかなどについて説明することが必要である。

被検者には知る権利も知らされない権利もあるから、被検者は検査結果を知らされることも知らされないことも選択できる。ところで、被検者の知る権利を尊重する場合に注意しなければならないことがある。被検者の遺伝情報はしばしば家族や血縁者の遺伝情報でもあるのだが、家族や血縁者は遺伝情報を知ることを望まないケースもある。したがって、被検者の知る権利を尊重するとともに、家族や血縁者の知らされない権利を侵害することもないように、注意することが必要だ。

遺伝情報は究極の個人情報である。得られた遺伝情報へのアクセス権は被検者本人に属し、原則として、被検者から同意を得た医療関係者、研究者のみが情報へのアクセス権をもつ。逆にいえば、遺伝情報を被検者の同意なく第三者に開示することは許されない。学会等で公表される場合には、匿名化を条件とする。したがって、遺伝情報については検査の開始時点から、一貫した個人情報の保護・管理システムの構築が必要である。

また、遺伝性の疾病に関する理解を深めるためにも、結果が判明した後のサポートをするためにも、検査前後にわたるカウンセリングを実施することが必要である。

　　遺伝子検査や遺伝子研究においてはインフォームド・コンセントが資料提供の条件である。遺伝情報は究極の個人情報であり、情報の保護・管理システムの構築が必要である。

遺伝子検査の商業利用

　遺伝子検査は、本来、遺伝を要因とする遺伝病や生活習慣病などの発症可能性を予測し、早期予防や早期治療に役立てるものであり、その限りでは医療目的（疾病の予防、疾病の治療）にかなう医療行為である。しかし、遺伝子検査は人の外見や能力、性格などを遺伝的素質として検査することが可能であり、そうした医療目的から逸脱した利用として、DTC 遺伝学的検査（Direct-to-Consumer Genetic Testing）のような営利を目的とした事業が拡大しつつある。DTC 遺伝学検査は、医療機関を通さずに直接消費者に提供される遺伝的検査であり、能力や性格、結婚相手との相性などの分析に利用されている。

　こうした非医療的な検査は、特定の価値観に基づいて遺伝子を選別し「悪い遺伝子」を排除する**優生思想**（➡論点 13）と結びつくおそれがある。また、先に挙げた能力や性格などに関するデータは確率に過ぎず、企業によって基準も異なり、研究が進めば解釈が大きく変わる可能性もある。遺伝子検査の商業的利用については、遺伝医学の専門家が関与しておらず、精度の低い確率に過ぎないものが信じられ、選別手段として横行するのは好ましくない。

　　商業目的の遺伝子検査は、医療目的から逸脱しており、遺伝子の選別や優生思想と結びつく危険性がある。

🪱 出生前診断と着床前診断

遺伝子診断の特殊なものとして、出生前診断と着床前診断がある。

出生前診断は、胎児に対する遺伝子診断であり、重い遺伝病に関連する遺伝子の存否や変異を調べるものである。日本国内では、2013年4月から、母体から採取した血液を検査することで、胎児の染色体異常を調べる新型出生前診断（NIPT＝Non-Invasive Prenatal genetic Testing）が導入された。この新型出生前診断は、35歳以上など一定の条件を満たす対象者に対して、実施機関を日本医学会の認定施設に限定する臨床研究として開始された。出生前診断で、胎児になんらかの異常が認められた場合、親が中絶を選択する場合は多い。したがって、出生前診断は、これから誕生する生命の望ましい質を選別し、潜在的疾病の担い手を排除することになる。これは、新たな**優生思想**につながる可能性もあり、多様性を損なう結果にもなる。

着床前診断は、体外受精を行った後、着床前の段階で受精卵に対して遺伝子診断を行うものである。これは生命の萌芽ともいえる段階で生命の選別をなそうとするものだ。日本産科婦人科学会は、重篤な遺伝病に加えて、夫か妻の染色体異常が原因で流産を繰り返す習慣流産もその対象に加える決定をした。遺伝病については、重い遺伝病を心配して妊娠を諦めていた夫婦が妊娠を望めること、妊娠後の中絶を回避できることなどが、習慣流産については、流産の反復による母体の身体的・精神的苦痛を回避できることなどが、着床前診断を認める理由として挙げられている。なお、2017年2月には、日本産科婦人科学会が、受精卵のすべての染色体を検査する着床前スクリーニングの臨床研究の開始を発表している。

胎児に対する遺伝子診断にせよ、受精卵に対する遺伝子診断にせよ、その診断が遺伝病に対する予防や治療の目的でなされる場合は、医療目的でなされているので、問題はない。しかし、受精卵であれば廃棄か着床か、胎児であれば産むか中絶かの選択決定を目的とするのであれば、それは生命の選別という問題に関わってくる。生まれてくる子のQOLの観点から、QOLがあまりに低いことが予測される場合には、受精卵の廃棄や中絶が

許されるとする考え方もある。「生まれてから苦労するよりは、いっそ……」という発想だ。しかし、それは逆にいえば、すでにこの世に生まれ、障害や遺伝病をもって生きている子どもが不幸であるとか、生きる価値がないという偏見を助長することにもなる。

　重篤な遺伝病をもって生まれてきても治療ができるとか、**ノーマライゼーション (⇒論点 17)** の理念が実現し、重い障害をもっていても差別や社会的な不利益を被ることなく健常者と同じように暮らしていける。そんな社会であれば、生命の選別などは必要なくなる。まずは、医学や医療技術の進歩により不治の病をなくしていくこと、そして、病気をもっていても、健康であっても、障害者も健常者もともに QOL の高い生活を送ることのできる社会の実現を目指す必要がある。

　ただ、まだそのような状況になりえていない現段階ではどう考えるか？妊娠・出産を担うのは女性であり、また、妊娠・出産については女性に自己決定権があり、この自己決定権は尊重されるべきだ。また、生まれた子を愛し、育て、その子に関する責任と義務を負うのはその子の親であることを考えれば、生まれる子の QOL を判断する適任者は親以外にはない。したがって、**出生前診断や着床前診断には倫理的な問題があることを十分に自覚しつつ、重篤な遺伝病に限定して認めていく**ということになるだろう。くれぐれも、安易な生命の選別を助長することのないように注意せねばならない。

> 　出生前診断や着床前診断には、生命の選別につながるという問題点がある。だから、重篤な遺伝病に限って認め、安易な生命の選別を助長することのないように注意せねばならない。

遺伝子治療の範囲

　遺伝子治療にはいくつかの種類がある。たとえば、ADA 欠損症は ADA（アデノシンデアミナーゼ）という酵素を作る遺伝子の欠陥のため ADA を体内で作れず、体を外敵から守る免疫細胞が機能しない難病だが、

こうした遺伝子の欠陥で発症する病気に対して、問題の遺伝子を通常の遺伝子と入れ替えたり、遺伝子の欠損を補ったりすることで、その病気を治療する方法がある。また、ガンや循環器疾患などの場合に、生体が本来もっている免疫などの機能を全身的・局所的に高めるために遺伝子を導入する方法もある。この場合は、なんらかのベクター（ウイルス等、遺伝子の運び屋）を用いて細胞に目的遺伝子を導入し、患者にその細胞を移植する。**遺伝子治療は疾病の治療や予防などの医療目的でなされる場合は、正当な医療行為といえる。**

　着床前診断で、遺伝病をもたらす遺伝子の欠損が発見された場合に、受精卵に対して、疾病の予防、発症前治療として遺伝子治療を行うのは、正当な医療行為である。しかし、たとえば、鼻が高くて金髪で知能指数の高い子どもがほしいと親が思っている場合に、受精卵に特定の遺伝形質（鼻が低い、黒髪、知能指数が低い）をもたらす遺伝子が見つかり、優れた（と親が思っている）遺伝形質をもたらす遺伝子と入れ替えるというような行為がなされる場合はどうか？　遺伝形質とは容貌、皮膚や髪の色、お酒に強い弱い、知能など、人間のもっている形態や機能だが、たとえば、髪が黒くても病気ではない。したがって、そもそも**遺伝形質と結びつく遺伝子の有無を調べることは、正当な医療行為としての遺伝子診断とはいえない。また、遺伝形質をもたらす遺伝子を入れ替えるのは、当然、遺伝子治療とはいえない。**このような場合の遺伝子入れ替えは遺伝子治療ではなく、遺伝子操作といえよう。患者の**医療アクセス権** (→論点5) は保障されるべきである。しかし、親が生まれてくる子どもを好きなようにデザインするデザイナー・ベビーは、医療行為とはいえず、こうした遺伝子操作を求める患者の要求は医療アクセス権ではないと判断すべきである。

　筋ジストロフィーは筋肉が変性し、筋力が低下する難病であり、これに対して筋力を増強する遺伝子治療の可能性が探られている。これは疾病の治療を目的とする正当な医療行為だ。しかし、スポーツ選手が筋肉を強くしたり血管を太くしたりする成長ホルモンの遺伝子を体内に導入するなどして運動能力を上げる「遺伝子ドーピング」は、当然、医療行為とはいえない。

遺伝子の機能が明らかになるにつれて、遺伝子治療はどんどん盛んになっていくだろう。これまで決定的な治療法がなかった疾病の治療も可能になるかもしれない。しかし、あくまでも、遺伝子治療は医療目的で行われなくてはならない。通常の能力を高める遺伝子改変が商業ベースで登場する可能性もあるし、政治的・軍事的要請にこたえるような遺伝子改変が行われる危険性もある。遺伝子治療はあくまでも医療目的に限定し、それ以外の遺伝子操作については歯止めをかけるような法規制が必要になるし、遺伝子改変の適正性をチェックする監視機構を設置することも必要だろう。

> **遺伝子治療は医療目的に限定すべきであり、デザイナー・ベビーや遺伝子ドーピングなどの遺伝子操作は許されない。**

ゲノム編集

　ゲノム編集でヒト受精卵の遺伝子操作をする試みがはじまっている。ゲノム編集とは DNA を切断して、遺伝子の書き換えをする技術であり、患者の体内から病気になった細胞を取り出し、体外で遺伝子を書き換えた細胞を体内に戻したり、体内で直接遺伝子を書き換えることで遺伝性疾患を根治することができる。従来の遺伝子治療に比べて安全性が高く、諸外国では治験が始まっている。こうした体細胞を対象とした治療と異なり、ゲノム編集で受精卵の遺伝子を操作した場合、その影響は生涯にわたり、また次世代以降にも及ぶ。ゲノム編集をした受精卵を母親の胎内に戻すことは安全性が確保されていないこともあり、諸外国でも禁止されている。また、重篤な遺伝病の治療ではなく、外見や身体的能力、知的能力などを改造するデザイナー・ベビーへの悪用など、医療目的を超えたエンハンスメント利用の懸念もある。

　海外で進むゲノム編集による受精卵の研究について、日本でも解禁すべきだという意見を受け、文部科学省と厚生労働省は、生殖補助医療を扱う基礎研究に限り認める方針を決めた。ゲノム編集を使って受精卵の遺伝子の機能を調べることで、不妊症のメカニズムの解明などが期待される。

患者の医療アクセス権を保障するためにも、本人の同意が得られ、治療効果も本人に限定される体細胞を対象とするゲノム編集の医療応用は進めていくべきであるが、受精卵へのゲノム編集は重篤な遺伝病の治療に限定し、デザイナー・ベビーの作製などのエンハンスメントにつながらないようにルール作りが必要である。

> 　ゲノム編集の医療分野への応用は期待が多く、進めて行くべきだが、受精卵の遺伝子を書き換えについては、エンハンスメントに繋がる可能性もあり、医療目的に限定するなど、ルール作りが必要である。

医師がとるべき姿勢

　遺伝子はたしかに個人の身体の設計図ではあるが、遺伝子だけですべてが決まるわけではない。環境要因は遺伝的要因と同じく人間の形成を大きく左右する。同じ遺伝子をもった一卵性双生児であっても、その能力や性格、外見などはまったく同一というわけではない。遺伝子に関する知見は急速に増えており、遺伝子診断、遺伝子治療も身近なものになりつつある。大切なのは、遺伝情報を正確に解明することであり、その知見を生かして、医療目的で遺伝子診断の精度を上げ、遺伝子治療の可能性を探ることだ。同時に、医師を含めた専門家は、遺伝子ですべてが決まるという遺伝子決定論的な考え方の誤りを指摘し、遺伝に関する正しい見識を広めていくことが必要である。また、遺伝情報に基づく新たな差別が起こらないように努めるとともに、遺伝子操作に加担しないことが大切である。

> 　遺伝に関する正確な見識を広め、遺伝情報に基づく差別を阻止し、遺伝子診断・遺伝子治療は医療目的に限定し、遺伝子操作には手を貸さないことが重要である。

クローン人間作製に対する世界の認識

1996 年 7 月、クローン羊ドリーが誕生した。それまでも、良質の家畜を得るためにクローニングが行われていたけれど、それは受精卵（胚細胞）クローンと呼ばれる方法だった。受精卵クローンの場合は、人工的に一卵性双生児を作り出すと考えてくれればいい。だから、生まれてくる子ども同士は同一の遺伝子組成をもつクローンだが、すでに存在する個体のクローンを作り出すというわけではない。

ところが、成体の羊の乳腺細胞をもとに生まれたドリーは、体細胞クローンだ。成体の体細胞から作られたクローン個体は、成体と同じ遺伝子情報をもつ。つまり、体細胞クローンによって誕生したドリーは、元の成体の羊と同じ遺伝子情報をもつことになる。このドリーの誕生をきっかけに、同じ哺乳類である人への適用、つまり、ヒト・クローン個体の作製の実現性が盛んに議論され始めた。

イギリス、ドイツ、フランスが法律で体細胞クローン人間作製を禁止し、アメリカでも、当時のクリントン大統領の声明で「クローン人間禁止」が打ち出された。日本でも、クローン人間の作製を禁じる「クローン規制法」（正式には「ヒトに関するクローン技術等の規制に関する法律」）が2001 年 6 月に施行された。ところが、こうしたクローン人間の作製は許されないという世界的な認識を無視して、2002 年末には、真偽のほどは確かではないが、スイスに拠点を置く新興宗教団体がクローン女児の誕生を発表した。はたして、ヒト・クローン個体（クローン人間）の作製は許されるのだろうか。

まず、国内においては、クローン規制法があり、ヒト・クローン胚、ヒトと動物の生殖細胞を受精させた交雑胚、ヒトと動物の胚を混合した胚などを、人または動物の胎内に移植してはならないことが定められ、違反者

には罰則が科される。**この規制法により、国内においては、ヒト・クローン個体の作製（産生）、いわゆるクローン人間の作製（産生）が、法律をもって禁止されたのである。**これはしっかり覚えておこう。

　医系小論文でクローン技術に関する問題が出たときには、ヒト・クローン個体の作製を禁止するという世界的な認識を踏まえた上で、国内ではクローン規制法により、ヒト・クローン個体の作製が法的に許されないことを確認したい。

クローン人間の作製は許されるのか？

　では、倫理的に見て、もしくは医学的に見て、ヒト・クローン個体の作製は許されるのだろうか？　動物実験の段階では、クローン胚の多くは流産するという成功率の低さに加え、成長過程になんらかの異常が認められており、短命、身体の巨大化、臓器の欠陥、発育障害、免疫不全、突然変異など原因不明の異常が見られるケースが多い。つまり、動物実験の段階でも安全性が保証されるどころか、不安材料の方が多いというわけだ。生まれてくるヒト・クローン個体の安全性はまったく保証されていないという状況にある。クローン技術によって子どもをもちたいという親の願望に応じることが、苦の緩和にあたるとしても、生まれてくる子どもの安全性を犠牲にして親の願望に応じることは、SOL の尊重が医療の基本である以上、許されない。**医療アクセス権（→論点5）**の保障は、患者の無制限な要求にこたえることを意味するわけではない。クローン技術により子どもを産生させる行為については、親の医療アクセス権を認めるとしても、生まれてくる子どもの安全性の観点から、制限されると解することが妥当である。また、そもそもクローン技術により子どもを産生させる行為は、現段階では正当な医療行為として確立されていないから、医療アクセス権の対象にならないという判断も可能だろう。いずれにしろ、**生まれてくる子どもの安全性が保証されていない状況では、ヒト・クローン個体の作製は倫理的に許されない。**不妊症治療を名目に、生殖補助医療技術としてクロー

ン技術が安易に用いられることがあってはならない。

> ヒト・クローン個体の作製は、生まれてくる子どもの安全性が医学的に保証されていない以上、SOL の尊重の観点から、倫理的にも、医学的にも決して許されない。

禁止の根拠は何か？

ヒト・クローン個体の作製に関しては、いくつか反対理由が主張されている。すでに述べたものも含めて、整理してみよう。

①生まれてくるヒト・クローン個体の安全性

②母胎の提供者の安全性

出産が成功するためにはクローン胚を子宮へ何度も移植する必要があり、母胎の提供者の負担が大きい。

③生まれてくるヒト・クローン個体に関する人権侵害の可能性

ヒト・クローン個体が誕生した場合の戸籍上の取り扱いに既存の法体系では対応できないなど、生まれてくるヒト・クローン個体に関する様々な権利侵害の可能性がある。

④人間の育種や手段化、道具化の危険性

特定の表現形質をもつ人を特定の目的達成のために作り出すことは、人の品種改良につながり、人を手段、道具とみなすことになる。

⑤人間の生の創出に関する基本認識からの逸脱

有性生殖が人間の生物学的な本性であり、ヒト・クローン個体の作製はこれに反する無性生殖である。

⑥家族関係の混乱等の社会的弊害

女性の体細胞から得たヒト・クローン胚をその女性の胎内に移植してヒト・クローン個体を作製した場合、体細胞の提供者は生まれてくるヒト・クローン個体の母であると同時に、一卵性双生児の姉でもあることになるなど、家族関係に混乱が起こる。

⑦人類の遺伝的多様性を損なう

　ヒト・クローン個体の作製で同一の遺伝子をもった人間が多数作られた場合、人類全体としての遺伝子の多様性が損なわれ、感染症などに対する防御システムが弱められる可能性がある。

　①についてはすでに述べたので、②以降について、その妥当性を検証してみよう。

②母胎の提供者の安全性

　医療技術の進歩により解消される可能性もあるし、また、正当な医療行為と認められている体外受精の場合も、程度の差はあれ、同様の負担はある。

③生まれてくるヒト・クローン個体に関する人権侵害の可能性

　法的な整備や社会的な啓蒙により解消が可能である。

④人間の育種や手段化、道具化の危険性

　「人間の尊厳」を損なうという議論であるが、子どもがほしいという親の願望をかなえるためのヒト・クローン個体の作製は子どもの手段化とはいえないという反論もあるだろう。また、臓器移植用、もしくは軍事目的利用などの作製に関しては、これを禁止し、作製目的を厳密に限定するなどの措置が考えられる。

⑤人間の生の創出に関する基本認識からの逸脱

　無性生殖に対する違和感はあるかもしれないが、そもそも文化や医療行為が自然からの逸脱であるという反論も可能であるし、生殖補助医療技術はすべて自然の生殖活動からの逸脱ともいえる。

⑥家族関係の混乱等の社会的弊害

　ある女性が遺伝的には姪にあたる子どもを養子にした場合でも、その子にとって、その女性は叔母であると同時に母であるという混乱は生じているが、法的に認められているという反論が可能だ。

⑦人類の遺伝的多様性を損なう

　たしかに、多数のヒト・クローン個体の作製が行われた場合は人類の遺伝的多様性を損なう可能性があるが、これも不妊治療に限定すればそれは

ど問題はないだろう。

　こうして考えてみると、現段階で、説得力のあるヒト・クローン個体の作製禁止の根拠は、最初に挙げた**①生まれてくるヒト・クローン個体の安全性**に尽きるだろう。動物実験において安全性が十分に確認されるには、その動物が成長するのを待つ必要があり、十分なデータを得るには、かなりの時間がかかる。動物実験で安全性が確保された場合でも、動物と人間とでは異なるから、さらに安全性を高める研究が必要になるだろう。遠い将来においては、生まれてくるヒト・クローン個体の安全性が保証される状況が来るかもしれないが、現段階では、ヒト・クローン個体の作製は、法的にはもちろん、生まれてくるヒト・クローン個体の安全性が確保されない以上は、倫理的にも医学的にも許されないことを確認したい。

　クローン規制法では、ヒト・クローン個体作製を禁じる根拠として以下を挙げている。

ⅰ．人間の尊厳の保持
ⅱ．生命身体の安全
ⅲ．社会秩序の維持　　に重大な影響を与える

　ⅱは①に、ⅲは⑥にあたると思われる。また、ⅰの「人間の尊厳」への重大な影響は④に関連すると思われるが、何をもって「人間の尊厳」とするかがまだ議論として熟しておらず、あいまいである。この点からも、ヒト・クローン個体の作製を禁じる根拠として、最も説得力のあるのは、①の「生まれてくるヒト・クローン個体の安全性」、つまり、生まれてくるヒト・クローン個体が安全に成長することが医学的に保証されていないことである。

　　ヒト・クローン個体の作製禁止の根拠として、最も説得力のあるのは、生まれてくるヒト・クローン個体の安全性が医学的に保証できないことである。

◈ ES 細胞を用いた再生医療の可能性と問題点

　再生医療とは、機能障害や機能不全に陥った生体組織・臓器に対して、細胞を利用して、その機能の再生を図るものである。受精卵から作られる ES 細胞（Embryonic Stem Cell＝胚性幹細胞）は、体のそれぞれの組織を作る体性幹細胞と違い、神経や血管、臓器など体のあらゆる組織に育つ能力がある「万能細胞」だ。たとえば、白血病の治療の際に用いられる造血幹細胞、脳内神経伝達物質の欠乏が見られるパーキンソン病の治療のための神経伝達物質を分泌する細胞など、移植用の細胞を作製することができるのである。このように、ES 細胞を使った治療は再生医療を飛躍的に向上させる可能性をもっているわけだが、問題がないわけではない。ES 細胞は、受精卵を数日育てた状態である胚を壊し、取り出した細胞を培養して作るわけだが、通例は、余剰胚、つまり不妊治療で使用されなかった受精卵（ヒト胚）を使用している。

　余剰胚の ES 細胞作製への使用については、当然、患者に対するインフォームド・コンセントを経た上で、患者の承諾を得る必要があるが、患者の同意が得られたとしても、「生命の萌芽」である受精卵を壊していいのかという倫理的な問題は残る。2001 年 9 月、文部科学省はヒト ES 細胞の研究に関する指針を告示・施行した。そこでは、以下の条件が示されている。

1．ES 細胞を作るためのヒト胚は余剰胚に限定する。
2．ヒト・クローン胚からの ES 細胞の樹立は行わない。
3．ヒト胚のドナーへのインフォームド・コンセントの実施。
4．研究機関（ヒト胚の提供医療機関、ES 細胞作製機関）と国による二重のチェック。
5．生命科学の基礎研究（ヒトの発生、分化再生機能などの解明を目的とする）か、新しい診断法や治療法、医薬品の開発のための医学研究に限定し、臨床研究は認められない。

（注）なお、2014 年の見直しで臨床研究のための樹立にも範囲が拡大された。

ES 細胞研究を推進するものの、そこに生命倫理の観点から厳格な条件をつけているわけである。この指針に従って、国内での研究は進められている。2003 年 5 月、京都大学再生医科学研究所がヒト ES 細胞を作ることに国内で初めて成功し、この国産の ES 細胞を使って血管を作る研究の開始も文部科学省に承認された。今後も、ES 細胞研究の倫理的側面に配慮して、研究機関および国による厳密なチェックと、十分な情報公開を行いつつ、開かれた議論を尽くし、社会的なコンセンサスを形成していくことが大事である。

ES 細胞を使った再生医療は期待のできる治療法だが、倫理的な問題もあるので、慎重に進めていくことが必要である。

クローン胚を用いた ES 細胞研究の可能性と危険性

ところで、現在では、慢性的臓器機能不全疾患に対しては、**臓器移植** (→論点 12) か人工臓器による治療が行われているが、臓器移植は常に、拒絶反応、免疫抑制剤の継続使用、深刻なドナー不足という問題を抱えている。人工臓器も機能面や生体適合性の面で問題がある。そこで、クローン技術と ES 細胞を作る技術を組み合わせて、患者のクローン胚より ES 細胞を作れば、患者と遺伝的に同じ臓器が作れる可能性があり、拒絶反応のない移植治療が実現するかもしれない。これは臓器に限らない。心筋細胞や脊髄の神経細胞なども拒絶反応が問題になる。ここでも、患者のクローン胚を使った ES 細胞による治療が期待される。しかし、このクローン胚を女性の子宮に移植すれば、ヒト・クローン個体の誕生につながる可能性がある。韓国やイギリスはヒト・クローン胚の作製を事前審査などの条件付きで容認しているが、フランス・ドイツは法律で禁止している。アメリカも政府研究費の支出を認めていない。ヒト・クローン胚に関する研究は、再生医療への高い有用性がある一方で、ヒト・クローン個体作製につながる危険性もある。国内でも研究を認めるか否かに関して賛否両論があり、活発な議論がなされた。

文部科学省はヒト・クローン胚などの特定胚については指針を告示し、基礎的研究の目的に限定し、人または動物の胎内に移植することのできる室内で作成しないなどの禁止事項と、作成に使用するヒト胚に関する要件を示している。

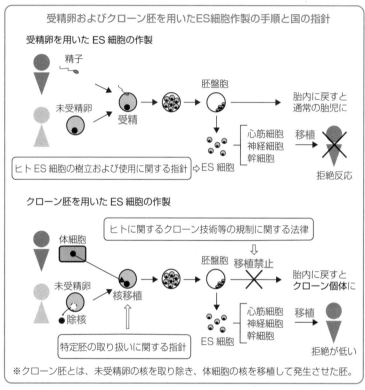

受精卵およびクローン胚を用いたES細胞作製の手順と国の指針

受精卵を用いた ES 細胞の作製

精子
未受精卵
受精
胚盤胞
胎内に戻すと通常の胎児に
心筋細胞
神経細胞
幹細胞
移植
拒絶反応

ヒト ES 細胞の樹立および使用に関する指針 ⇨ES 細胞

クローン胚を用いた ES 細胞の作製

ヒトに関するクローン技術等の規制に関する法律

体細胞
未受精卵
除核
核移植
胚盤胞
移植禁止
胎内に戻すとクローン個体に

特定胚の取り扱いに関する指針

心筋細胞
神経細胞
幹細胞
ES 細胞
移植
拒絶が低い

※クローン胚とは、未受精卵の核を取り除き、体細胞の核を移植して発生させた胚。

内閣府ホームページ「ヒト受精胚、人クローン胚及び ES 細胞について」を元に作成

　患者の体細胞クローン胚から作製した ES 細胞を用いれば拒絶反応のない移植用臓器や諸組織の作製が可能となる。ES 細胞は医学的に重要な意味をもつが、ヒト・クローン個体の産生へとつながる危険もあるので厳格な条件をつけているわけである。

　図にもあるように、ヒト・クローン胚を利用する方法でも受精卵を利用

する方法と同様にヒト胚を破壊することになり、やがて人へと成長する可能性のある胚を破壊してよいのかという倫理的な問題がある。生命の萌芽であるヒト胚を破壊するという倫理的な問題、また、ヒト・クローン胚を子宮に戻すとクローン人間ができる危険性があるという問題を回避し、再生医療を可能にするのが iPS 細胞である。

ヒト・クローン胚による ES 細胞作製は、拒絶反応のない移植用臓器や組織を作るという再生医療の実現につながるが、同時に、ヒト・クローン個体作製につながる危険性がある。

iPS 細胞への期待

　人の皮膚細胞などの体細胞に複数の遺伝子を導入することにより、ES 細胞と同等の分化機能をもつ iPS（induced pluripotent stem cell＝人工多能性幹）細胞を作る技術が、京都大学再生医科学研究所の山中伸弥教授らによって開発された。ES 細胞研究には、先に述べたように、生命の萌芽であるヒト胚を破壊する点、また、ヒト・クローン胚を子宮に戻すとクローン人間ができるという点で倫理的な問題があった。人の皮膚細胞などから作る iPS 細胞にはこうした倫理的な問題がない点で注目されている。

　iPS 細胞は、体細胞に 3、4 種類の遺伝子を導入して作製されるが、この際、ウイルスを遺伝子の運び役（ベクター）として用いていた。しかし、導入した遺伝子がガンを引き起こしたり、運び役として用いたウイルスが細胞の遺伝子を書き換えたりするという危険性があった。現在では、ウイルスベクターを用いず、iPS 細胞を樹立することに成功し、iPS 細胞の臨床応用が実現した。

　iPS 細胞の再生医療への利用例としては、加齢黄斑変性の患者自身の iPS 細胞から作製した網膜色素上皮細胞シートの移植による網膜再生や脊髄損傷の患者に対するヒト iPS 細胞由来神経前駆細胞の細胞移植が実施されている。患者の細胞から作製した iPS 細胞を使う創薬としては、アルツハイマー病患者由来の iPS 細胞を大脳皮質神経細胞へ分化させて、治療薬

を探索する治験などが実施されている。パーキンソン病、重症心筋症、膝関節軟骨損傷、網膜色素変性など、これまで治療法のなかった疾患の治療が可能になり、また、創薬研究により、患者数が少ない稀少疾患の治療法の発見が期待される。

　再生医療に用いられる細胞は生物由来であるために、移植に際しては人体に及ぼす影響について未知の部分がある。また、品質が不均一となる可能性や元の細胞に含まれていた細菌やウイルスが伝播するリスクもあり、適切な管理が必要となる。

　なお、文部科学省はヒトの ES 細胞や iPS 細胞から精子や卵子などの生殖細胞を作る研究を認め、不妊症の原因解明への道をひらいた。しかし、作製した精子や卵子を受精させることは、技術的にも倫理的にも問題があり、認められないとしている。

> iPS 細胞は ES 細胞の倫理的問題を解消する画期的な研究である。初期に危惧されたガン化などの問題点を技術革新により解決し、iPS 細胞の臨床応用が現実化した。今後の展開に注目しよう。

オンライン診療

　オンライン診療が普及すれば対面診療は不要になるだろうか?　いや、ならないだろう。対面、つまり、医師と患者が同じ時間、同じ空間に存在することでしか可能でない診療は存在するからだ。体温計で測った数値は共有できるが、患者の身体が発する体温や体臭を含めた気配を測定することはできないし、単純に触診は不可能であるし、レンズを通さないで直に患者を視診することもできない。そもそも、生身の医師に診てほしいという患者にとって、オンライン診療は対面診療が難しい場合の代替手段でしかないだろう。しかし、代替手段であっても診療が可能であることは重要だ。オンライン診断は有効であるが、限界はある。限界はあるが有効でもある。そのあたりを十分に意識しておくことが大切だ。

　オンライン診療とは、リアルタイムのビデオ通話などを通して、医師と離れた場所にいる患者がオンラインで診療を受けることをいう。通院が困難で、訪問診療も難しい患者や、通院も訪問診療も可能であるが頻度の確保が難しい患者を定期的に診療したり、医師の偏在により、専門医のいない地域の患者が地元の医療機関でかかりつけ医とともに専門医の診断を受けたりすることで医療の質の確保も可能となるだろう。また、生死には影響がないが定期的な診断と投薬が必要な患者の定期的な診療などには有効に活用される。

　現代社会では平日に通院の時間がとれず、診療や検査の機会を逸してしまい、結果、疾病の早期発見や早期治療ができないというケースもある。一方で医師の側も、出産や育児でフルタイムでの現場復帰は難しいが、限られた時間なら働ける医師もいるし、高齢で自身が一線から退いてはいるが総合医として初期医療における診療は可能だという医師もいる。そうした多様なライフスタイルを考慮しても、今後、オンライン診療を地域医療

の一環としてシステム化し、うまく運用できれば、医師・患者双方にメリットがあると思われる。オンライン診療に必要な検査データの取得（すでにウェアラブルなデバイスでかなりのデータ取得と処理が可能になっている）、その記録・保存・管理、また、手数料や診療報酬など課題も多いが、技術革新とともにオンライン診療は様々な可能性を秘めてもいる。ちなみに、オンライン診療とオンライン健康医療相談は厳密な区別が必要である。オンライン診療は医療行為であり、資格のある医師でなければできない。

> オンライン診療には限界があり、対面診療の代替手段にはならないが、遠隔地の患者を診療したり、医師の偏在を補ったりすることができる。うまく運用すれば、医療の質の向上につながると考えられる。

 ## AI と医療

人工知能（AI＝Artificial Intelligence）の機能が向上し、一般に普及すれば医師は不要になるのか？　端的に答えれば、現状では医師は不要にはならない。現状では、と断っておくのは、現状の技術水準ではという限定ではない。人の心理と社会のシステムが現状のままであれば、ということだ。

この**論点16**では、AIが医療現場でどのように活用され、どのくらい有効になってきているかを説明した上で、それでも人間の医師が必要である理由を説明していく。後で詳しく説明するが、一つは、今のところ、人は人と時空を共有し（空間の共有がポイントだ）、人と話し（そこにいる相手の存在を体感しながら話すことがポイントだ）、人が自身に関心をもち、共感するという交流を求めるからだ。そしてもう一つは、この社会では必ず、誰かが行われたことの責任を負う必要がある。それは病院とか企業とか政府とかという組織においていえば、病院経営者とか企業のトップとか総理大臣とか、意思に基づいて行動する人間でなければならない。

> AIが進化・普及しても、患者と時空を共有し、相手に関心を示しながらコミュニケーションが取れる人間の医師の存在は重要である。また、医療上の決定の責任は、AIではなく人間が負う必要がある。

 **AI にできること**

　患者の個人データ（年齢、性別、体重、職業、喫煙・飲酒の有無、近親者の疾病情報、本人の既往症など、健康診断や医療機関での初診の際に記入する項目）と現在の症状・体温などを入力すると、ビッグデータに基づいて分析し、病名をある程度絞り出すということであれば、データの数とデータ処理の速度は人間の医師より AI の方がはるかに優れている。AI はコンピュータなのだから、そうした作業は得意中の得意である。また、AI は反復学習により、ある程度自力で新たなアルゴリズムを構築することが可能でもある。膨大なカルテをデータとしてもつ AI は過去のカルテから得た情報に基づき、目の前の患者の症状を直ちに分析し、過去の類似の患者を発見するかもしれない。また、データ量だけでなく、異なる種類のデータの類似性に着目し、関連付け、自力である程度の予測をすることも可能だろう。

　AI は人間の特定の能力を抽出して再現することが可能であり、高度な識別能力をもちうる。医療技術の進歩に伴い医療画像数は急増しているが、医療画像から疾患診断を行う放射線科医の数はそれに追いついていない。また、読影（エックス線や CT・MRI などの検査画像を読み解き、診断すること）は個人の才能・資質に加えて、経験がものをいう。経験の少ない医師よりは膨大なデータをもった AI の方が読影のスキルが上である場合もあるだろう。

　ただ、こうした AI の長所は短所でもある。AI は既存のデータや医療知識に基づいてしか判断できない。膨大なデータと照合してわかるのは既出の症例だけであり、データにない未知の異常に気づけるのは人間の直感であるかもしれない。このように考えると、AI が優れた医師を代替することは現時点では難しいかもしれないが、研修医や経験の不足した医師よりは AI の方が診断精度は高いかもしれない。健康な人を対象とする健康診断でのレントゲンや心電図解析によるスクリーニングでは AI の活用が期待できるし、医師の診断を支援するツールとしては有用だろう。医師の過剰業務を軽減する観点からも、診断の格差を患者の利益の方向に是正す

るためにも、AIを活用することは有益だろうが、課題もある。

　そもそもデータに誤情報やフェイクな情報が紛れ込んでいた場合は、AIが情報の真偽を判断することは難しい。データは量だけでなく、その質が問われる必要がある。また、実際に医師が行った診断や治療についてもそうだが、検証は欠かせない。特に過渡期にあっては、AIの活用について事後の妥当性検証が必須である。その結果を常に反映して、アルゴリズムを調整していくことが必要である。

> AIはデータをもとに病名の絞り込みや医療画像の解析を行うことができ、医師の経験不足を補う一方で、未知の異常の発見には限界がある。健康診断や人間の医師の過剰業務軽減にも貢献できるが、学習するデータの質や真偽の判断、事後の妥当性検証などが課題となる。

患者の求めるもの

　先に述べたオンライン診療にあってもそうだったが、患者は、AIではなく人間の医師に診断を求めるかもしれない。そうした人間の心理は理屈ではない。今後変化していくかもしれないが、現状では人は人との関係の中で、様々な決断をし、様々な選択をする。それは出会いといってもいい。患者は医師と出会い、その医師に自身の不安を、病んだ身体を委ねる。AIが人よりも優れた能力をもつとしても、それでも人に診てほしいと思う患者はいる。そうした患者の心理の根底には、もう一つ、人にしかできないことを求める無意識のうちの思いがあるのかもしれない。人にしかできないもの、そして、人にしか求められないもの。それは行為に責任を取るということであり、患者側からすれば、自分に為された診断の責任を誰かに問うことができるということだ。

　責任は判断能力に付随する。動物や幼児には責任は問えない。自己の判断に基づいて選択された行為について、その成果も利益も、また失敗や不利益も、その判断をなし、行為をなした人が責任を負う。そして、人は、誰かに責任を取ってもらいたい存在である。AIは判断はできる。しかし、

その判断に責任を取ることはできない。近代においては、人は、一定の年齢であれば、是非弁別のできる、つまり、理性を備えた人間として**自分の意思で行ったことの責任を負う**ことができる。**患者の自己決定権**（→論点5）もそうした責任能力の存在を前提としている。当然、為された医療行為はすべて、最終的に「誰か」の責任に帰すものでなければならない。AIによる診断を行った場合にはそのAIの診断を人間の医師による診断と同等のものとして患者に提供した機関なり企業なりがその責任を負う。医療機関で医師に代わり、もしくは医師のサポートとしてAIによる診断を利用する場合は、誤診や患者の苦情、時に損害賠償等の請求という事態も生じるかもしれない。その際に責任を負うのはAIではない。「誰か」責任者である。

現代社会のシステムが変わり、人間の意識が大幅に変われば、私たちは責任をAIに委ね、社会の秩序維持をAIに委ね、人間よりもAIと関わり会話することも好むようになるかもしれない。しかし現状では、AIは医療で重要な役割を果たし、人間の能力を超えるような機能を発揮することがあったとしても、それでも、**生身の人間であり、責任を負って意思決定をなしうる医師**は必要とされる。

いずれにしても、AIは医療を含めて、様々な分野で、うまく用いれば有用である。しかし、すべてをAIに委ねるのではなく、医療においては特に、医師の診断や治療支援のツールとして一定の制限のもとに使用し、医師のコントール下に置き、最終的な責任は医師が負う必要がある。

AIは医療上の判断を下すことはできるが、責任を取ることはできない。そのため、責任を負える人間の医師の存在が現状不可欠である。

 ## AIと人間の関係の将来

医療の対象は人格をもった全人的な存在である患者である。患者は単に機械的あるいは形式的な診断や治療を求めているのではなく、**医師による診断や治療を求めている場合がある。**オンライン診療がいくら便利でも、

AIが人と同様にコミュニケーションができるとしても、患者が人間と人間のやりとりを求めるのであれば、医師に取って代わることはできない。人は状況の変化に対応していく。お金の振り込みをする場合に、振り込み用紙に記載し、銀行員と会話しながら手続きをしていたのが、キャッシュディスペンサーで振り込むようになり、さらには、スマホでバーコード決裁ができるようになってきた。スマホやアプリに慣れた世代は銀行の窓口で銀行員と話をするのがめんどうだと思うかもしれない。こうした流れを見ると、直接医師と話をするよりもスマホのメッセージのやり取りで十分だと思う人も出てくるだろうし、技量の不透明な人間の医師よりも、常に一定の技量が期待できるAIの方が信頼できるという人も出てくるかもしれない。それでも、おそらく、人はどこかで人との関係性を求めるのではないだろうか。たとえば、生死に関わるような手術を受ける場合の事前の説明は執刀医から直に聞きたいと思うかもしれない。自身の病状が芳しくなく、遠からず死を迎えると患者本人も感じているとき、自身の人生の幕をどう下ろすか、最期の時をどう過ごすのかなどを決める際は、医師や看護師などと話をして、自身の思いを固めていきたい、自身の心境を人にわかってほしいと思うかもしれない。

> AIと人間との関係性は今後も変化していくと考えられるが、それでも人間の医師や看護師との関わりを、特に生死にかかわる重大な決断をするときに、必要とする患者は一定数いると考えられる。

手術支援ロボット

医療現場でのAIの活用とともに、手術支援ロボットについても確認しておこう。

ホテルなどの受付で簡単な会話をして宿泊の手続きや案内などをする接客ロボットが開発されている。これらは内蔵されたカメラで客の接近を確認(視認)し、パターン化された言葉と動きにより、ホテル従業員の代わりに接客を行う。家庭環境で実用化しているロボットとしてすぐに浮かぶ

のはお掃除ロボットだろう。ロボットは形に関わらず（人型である必然性はない）、センサー・モーター系（感覚運動系）をもったコンピュータで、会話機能を備えている場合もある。家庭で利用されているお掃除ロボットは、充電したり、スイッチを入れたり、ロボットが動きやすいように部屋を片付けたり、掃除でたまったゴミを捨てるなど作業をする必要はあるが、部屋を動き回り、ゴミを感知し、掃除することによって人間の生活を助けている。

　医療現場でも手術の支援ロボットが利用されている。身体の構造を高画質で拡大してとらえ、人では不可能な精緻で複雑な動きを可能とするロボットを、訓練を受けた医師が操作することで、患者の負担の少ない手術が可能になる。このロボットもセンサー・モーター系をもったコンピュータといえるだろう。「神の手」とも賞せられる稀有な個人の才能や職人的な技術の冴えに依存する外科手術は、どこでもいつでも受けられるわけではない。患者の**医療アクセス権** (➡論点5) を保障し、また、より医的侵襲の少ない手術の普及は患者の利益になるだろうし、医師の過剰な負担を軽減することもできる。しかし、このロボットもあくまでも支援ロボットである。医師が自己の責任で、ロボットの支援を得て手術をしているのであり、ロボットと人間が共同作業をしているのではない。

　今後も技術開発は進み、AIの活用もロボットの活用も各分野で進むだろう。医師としては、自己の能力や技術を補佐し、患者のために十全な医療を実現するために、AIであれロボットであれ、活用できるものを活用することは大事だ。ただ、どのようなものも万能ではないし、あらゆる状況やあらゆる患者に対応できるわけではない。技術に依存せず、何がどう活用できるのか、どのような問題点があるか、常に考えることが必要である。

　　手術を支援するロボットやAIの開発が進んでいるが、あくまでも手術は人間の責任に基づいて行われるものであることを意識しておきたい。

VII

現代社会と医療

論点 17　超高齢社会と医療
高齢者医療の基本原則は何か？

超高齢社会を迎えた日本社会

　日本では 65 歳以上の高齢者人口は約 3600 万人、高齢化率は 30 ％に届こうとしている（2022 年現在）。高齢化は高齢人口比率によって、高齢化社会 7 ％以上、高齢社会 14 ％以上、超高齢社会 21 ％以上と区分されるが、日本は超高齢社会となって久しい。超高齢社会は医系に限らず小論文の頻出テーマであるが、医系小論文では以下の 3 つのパターン、もしくは、その組み合わせで出題される。

---

①一般型

　「**超高齢社会**」である日本社会の状況の把握とその背景、そこから派生する様々な問題を問うタイプ。学部に関係なく出題される「現代社会論」。出生率や年代別人口構成、平均寿命・健康寿命など図表が資料として与えられている場合もある。高齢社会・超高齢社会に関する基本的な知識を問う問題といってもよい。高齢者を福祉・介護の対象とするだけでなく、少子化・人口減少のなかで高齢者の労働力としての活用なども含まれる。

②医系型 1 （システム論）

　高齢者の単独世帯・高齢の夫婦のみの世帯の割合の増加、少子化に伴う家族の小規模化、近隣の住人付き合いの低下などの社会構造の変化に対応するためにはどのような「医療・福祉システム」の構築が必要かを問うタイプ。社会構造の変化を踏まえたシステム論であり、共助を可能にしていた血縁共同体・地縁共同体の弱体化に伴う「地域包括ケアシステム」の構築などがある。

③医系型 2 （実践論）

　高齢者医療やケア・介護の実態と抱える問題を問う「高齢社会と医

療・介護」論。高齢者医療・介護の実態を紹介し、一人の医師として、医療従事者として、高齢者ケアの実践について、具体的に考察させる。一人一人異なる状況と長い人生の物語をもった高齢者に対して、医療者としてどう関わるべきか、どのようなケアが必要なのかを考察させる。在宅ケアの支援や**ヤングケアラー**の問題も含まれる。

①の一般型であっても、医系学部での出題であれば、「超高齢社会の問題点」は医系に関連するものに力点を置いて論じればよいから、実質的には②や③と重なってくる。また、②と③は両方にまたがって出題される場合もある。要するに、医系小論文で超高齢社会について出題された場合は、以下の3点をおさえておけば、どんな問題が出されても対応できるということになる。

1. 超高齢社会がどのような社会なのかという理解
2. 超高齢社会が抱える問題のうちで、医療に関連する問題点についての十分な知識と考察
3. 高齢者医療と介護の問題への現実的、具体的な対応

ところで、高齢者は多様な存在である。高齢者に一般的に見られる身体機能の衰えや健康リスクはあるものの、個人差が大きいということだ。後期高齢者であっても、健康で若い頃と同じように社会と関わり、活動的な日々を過ごしている人もいる。また、単純に寿命を延ばすだけでなく、介護などを必要としない健康状態を長く保つこと、つまり、健康寿命を延ばすことを目指す必要がある。超高齢社会について、**ノーマライゼーション**、**高齢者の自立支援**、**高齢者の QOL の向上**の3点から考えてみよう。

　高齢者医療を考える場合の基本理念は、ノーマライゼーション・高齢者の自立支援・高齢者の QOL の向上だ。

ノーマライゼーションとは？

　ノーマライゼーション（normalization）は、障害者差別などについて考察する場合にも共通する重要理念だ。ノーマライゼーションとは、高齢者も若者も、障害者も健常者も、病気を抱えている人も健康な人も、すべて人間として普通の（ノーマルな）生活を送ることができる社会、すべての人間が差別されることなく、排除されることなく共に生活できる社会が普通の（ノーマルな）社会であるとする考え方だ。障害者や高齢者を地域から隔離して特定施設に収容（施設隔離）するのではなく、障害者や高齢者が、健常者や若者と共に、地域でごく普通の日常生活を送ることができる（地域内共生）社会の実現を目指す理念だ。バリアフリー（barrier free）社会という言葉を耳にすることが多いと思うが、バリアフリー社会とは、ノーマライゼーションの理念に基づいて、身体的・精神的な障害（バリア）を取り除こうという考え方だ。車椅子の人が利用しやすいように段差をなくしたり、エレベーターを作ったりといった建築物の整備から、知的障害者に対する偏見をなくしていくという心のバリアをなくす運動まで、バリアフリーの実践は様々な方面に広がっている。

> 　ノーマライゼーションは、誰もが普通に暮らせる社会の実現を目指す理念で、バリアフリー社会はノーマライゼーションの理念に基づき、社会の身体的・精神的バリアを取り除こうという考え方だ。

 ## 高齢者ケアの基本とは？

　ノーマライゼーションの理念に基づけば、加齢に伴い身体の動きが不自由になっても、若くて元気な頃と同じように、社会でその人らしく暮らせることが理想となる。たとえば、高齢になっても今までどおり、住み慣れた地域で、親しい家族や友人と関わりながら暮らせるとか、身体が不自由になっても自分でトイレに行けるとか。そのためには、地域介護の充実や介護機器の購入援助、排泄介護の確保などの支援が必要になる。これが、

高齢者の自立支援だ。君が高齢になって、足が不自由になったと考えてみよう。一人でベッドから降りられず、トイレにも歩いて行けない。そんなとき、君は、おむつをつけられ、誰かにおむつの取替えをしてもらうのと、電動介護用ベッドのスイッチを押して起き上がり、介護者の肩を借りて、電動車椅子に乗り、自分でそのままトイレに行けるのと、どちらがいいだろうか？　もちろん、おむつがいいという人はそれでいいだろう。でも、多くの人は、おむつをつけることに抵抗を感じ、歩けた頃と同じように自分でトイレに行きたいと思う。つまり、高齢者に対するケアは、高齢者がその人らしく、人間としての尊厳を保って生きられることを目指して、支援していくものでなくてはならない。逆にいうと、高齢者の自立を妨げるようなケアは高齢者の人間としての尊厳を損ない、高齢者の QOL を低下させることになり、許されないということになる。

> 高齢者がその人らしく、人間としての尊厳を保って生活していけるように支援していく「高齢者の自立支援」が高齢者ケアの基本だ。

高齢者医療で心がけるべきこと

　高齢者がガンのような病気にかかっている場合は、年齢や体力とガンの進行速度、手術による負担などを考慮して、手術を控えるという治療法がとられる場合もある。もちろん、インフォームド・コンセントの励行や患者の自己決定権の尊重という医療の原則は変わらないが、高齢者の場合は、根源的治療よりも、患者の QOL を考えて、対症療法にとどまる医療的ケアをしていくことが必要な場合もある。また、生活習慣病などの慢性的疾患により少しずつ悪化と回復を繰り返しながら日常生活機能が低下していく高齢者も多い。この場合も、高齢者の自立支援介護を基本に、自立を妨げている慢性疾患の治療や自立のためのリハビリを行い、高齢者の QOL の向上を目指す医療が必要となる。また、患者の人権や人間としての尊厳を尊重する介護を目指すということは、基本的には、患者の意思を尊重し、患者の QOL を高めていく介護の実現を目指すことになる。この意味で、

高齢者医療においては、常に、高齢者の QOL の向上を心がけねばならない。

> 高齢者医療においては、高齢者特有の身体的状況や疾病の特質からも、また、患者の人権や人間としての尊厳を尊重する観点からも、常に、高齢者の QOL の向上を心がけねばならない。

超高齢社会の要因と問題とは？

日本社会は出生率の低下による年少人口の減少＝少子化と、平均寿命の延び（高齢者の死亡率の低下）による高齢人口の増加が同時に起こっており、最初に述べたように超高齢社会となっている。超高齢社会は、医療費負担、健康保険、介護保険、年金制度などの社会保障および財政問題、高齢者介護や医療、福祉の問題、地域医療や環境整備の問題など、様々な問題を抱えている。

高齢者の医療費負担や要介護者を抱える家庭の経済的負担、政府の財政負担については、税体系・年金制度、福祉関連予算の見直しが必要である。介護保険法の見直しも進んでいるが、世界に類を見ない超高齢社会を乗り切るためには、医療保険、年金制度、介護保険、税体系を長期的視野に立って総合的に見直していく抜本的な改革が必要だろう。

また、同じ年齢でも、要介護状態にある高齢者もいれば、健康でまだまだ働きたいと思っている高齢者もいる。こうした高齢者の多様性を踏まえ、また、少子化による生産年齢人口減少への対策としても、働ける高齢者には雇用機会を保障できるような雇用創出政策も必要である。これは高齢者の経済的な自立支援にもつながる。

　さらに、家族と暮らしていない都市型高齢者も増えており、高齢者を孤立させることなく、生きがいのある生活を送ることができるような地域環境の整備が必要だ。子どもや若者と高齢者との交流の機会を増やしていく、高齢者がもっている能力や知恵を生かせる場を設けるなど、高齢者の人格を尊重しつつ、高齢者一人一人の価値観や志向に応じて、様々な交流や活動が可能になるように、地域における生活環境のバリアフリー化と、心のバリアフリー化が必要だ。

> 　超高齢社会一般の問題を解決するために、経済・福祉・医療について、長期的な視野に立った総合的な改革が必要である。
> 　高齢者雇用の創出などの対策も必要であり、地域においてはバリアフリー社会の実現が必要である。

高齢者医療の特質と充実のための方策

　それでは、超高齢社会が抱える諸問題の中で、医療や福祉に関連する問題について考えてみよう。考えていく場合の原則は、先に述べた**ノーマライゼーション・高齢者の自立支援・高齢者の QOL の向上**である。

　従来の医療は、まず、救命・疾患の治療（キュア）を目的とするものであった。しかし、高齢者医療は、年齢を重ねるに従い、身体の生理的機能が低下していく高齢者に対して、低下した機能はそれ自体として認めながらも、残された機能をできる限り活用したり、機能低下の進度を遅らせたりして、高齢者の QOL を向上させていくケアが重要である。高齢者は、加齢に伴う機能障害により種々の能力が低下し、ハンディキャップを負っている存在である。したがって、高齢者医療においては、治療や救命を第

一とする医療観に立つのではなく、SOLの尊重を大前提としつつも、高齢者の日常生活能力の維持により自立を支援し、高齢者のQOLを高めていくケアを目指す必要がある。

　こうした高齢者医療を実現するためには、まず病床や医療施設の量的・質的充実を目指すことが必要だ。自立支援には、医療的なサービスだけでなく福祉サービスの充実も不可欠であり、また、医療施設におけるケアだけでなく、在宅ケアの充実も必要となる。さらに、地域環境が高齢者の自立を支援するようなシステムを備えていることも不可欠だ。

・高齢者の特質に応じた治療を行い、慢性疾患の重篤度や生活能力の低下度に応じて、在宅ないし施設ケアを柔軟に提供できる医療・福祉供給体制の整備。

・入院加療が不要になった場合には、福祉施設や在宅での生活への移行が速やかかかつ円滑に実施できるようなサポートシステムの構築、医療施設・福祉施設のネットワーク化。

・外来診療や在宅診療を含めて、在宅ケアを支える地域医療・福祉の充実。

　以上のように、高齢者の自立を支援し、医療のみならず、生活諸領域における高齢者のQOLの向上を目指せるように、企業やNPOなどとの協力も含めて、医療・福祉一体型の地域における高齢者ケア体制の整備と、ノーマライゼーションの理念に基づいたバリアフリー社会の実現などの環境整備が必要となる。

　　高齢者の自立を支援し、QOLの向上を目指す高齢者医療を充実させるためには、地域における医療・福祉一体型の高齢者ケア体制の整備、バリアフリー社会の実現などの環境整備が必要となる。

 ## 「寝たきり老人」を減らすために

　「寝たきり老人」という言葉がある。身体的または精神的な機能障害に

より、ベッドに寝たきりの状態を余儀なくされ、日常生活上の介護を必要とする高齢者をいう。医系小論文では、「要介護老人」「要介護高齢者」という表現がよく使われるが、「要介護高齢障害者」と呼ぶのが一番正確なのかもしれない。とにかく、この「寝たきり老人」という言葉は、ノーマライゼーションが進んだ北欧には存在しないというようなことがよくいわれる。ということは、その言葉が意味する現象も存在しないことになるのだが、実際には、北欧でも、重度の障害で寝たきりになっている高齢者は存在する。ただ、日本ほど目立って多くはないということだ。

近年、「寝たきりは作られる」「寝たきりは寝かせきり」ということが盛んにいわれている。つまり、本来であれば寝たきりにならない高齢者が、適切なケア、リハビリテーションを受けられず、また、十分な自立支援を受けることができないために、寝たきりになってしまうというわけである。逆にいえば、脳卒中などで機能障害が残った場合には、有効な機能回復訓練と自立支援、ケアの人的・物的充実により、寝たきりを防止したり、寝たきり老人の数を減少させたりすることができるというわけである。また、寝たきりにならないように、疾病の予防や早期発見、日常的な健康管理や体力維持が大切になる。そのためには、日常的に健康や体調について気軽に相談できる「かかりつけ医」制度や、医師だけでなく、看護師、療法士、その他の医療従事者・福祉関係者が協力して、健康や疾病に対し、総合的・継続的・全人的に地域で対応していくプライマリー・ケア（primary care）の充実が必要となる。

> 有効な機能回復訓練と自立支援、ケアの人的・物的充実によって、寝たきりを防止したり、寝たきり老人の数を減少させたりすることができる。また、寝たきり老人を作らないためには、かかりつけ医制度やプライマリー・ケアを充実させるなど、疾病の予防や早期発見、日頃の健康管理や体力維持も大切である。

17

超高齢社会と医療

高齢者本位の介護を実現するために

　君のおばあちゃんが脳卒中で倒れ、入院した。24 時間の点滴とおむつ。しかも、点滴の管をとったり、勝手に動き回ったりしないように、ベッドに縛り付けられている。あんなに元気でおしゃべりだったおばあちゃんが、顔だけ動かして、ぼんやり、見舞いに来た君を見る。

　こんな介護現場を君はどう思うだろうか。おばあちゃんがかわいそうだと、まず思うだろうし、自分が高齢者になったとき、こんな目にはあいたくないと思うだろう。具体的介護の問題は、そんな人間として自然な感情を基本に考えていけばよい。

　食事、排泄、身体の自由は、介護を受ける高齢者の人間としての尊厳やQOL に関わる重大問題である。食事をすることは脳を活性化させ、食べる喜びを味わうことにもつながる。自力で食事や排泄ができるにもかかわらず、点滴やチューブによる栄養補給やおむつの使用に頼ることが、高齢者の認知症や障害を進行させ、寝たきりにしてしまうこともある。点滴やチューブで水分や栄養分を補給する方法は、それ以外に栄養摂取が不可能な場合以外は、避けるべきである。また、高齢者が自分で起きて排泄ができる場合、もしくは介助があればトイレに行くことが可能である場合には、安易におむつを使うべきではない。さらに、他傷・自傷の危険がある場合には必要最小限の身体拘束を行うことはやむを得ないが、それでも身体拘束は身体的自由を奪うだけでなく、高齢者に屈辱感を与える、人間としての尊厳に反する行為である。代替方法がない場合以外は避けるべきである。

　近年は認知症の高齢者が急激に増えており、介護は長期にわたり、また深刻化している。高齢者の虐待事件も起こっている。本当はそんなことはしたくないのだが、在宅介護における介護者の肉体的・精神的負担増や、介護施設における人手不足のせいで、心ならずも、非人間的な介護になってしまっているという側面もあるだろう。

　しかし、高齢者介護においては、何よりも、高齢者の人格や人間としての尊厳を尊重し、高齢者の QOL を高めることを目標とすべきである。そして、そうした高齢者本位の介護を、施設においても在宅でも可能にする

ために、医師、看護師、療法士、その他の医療従事者、ケースワーカーなどの福祉関係者などが協力し、在宅ケアの支援を含めて、施設・在宅における高齢者介護の質的向上が欠かせない。

　後期高齢者の介護を後期高齢者が担っている場合もあるし、近年、ヤングケアラーの問題も生じている。ヤングケアラーは高齢者介護に限らないが、年齢（主に18歳未満）に見合わない家事や家族の世話を日常的に強いられ、その年齢の子どもが享受できるはずの時間をもてない子どもたちを指す。高齢者介護は介護を受ける高齢者の支援だけでなく、介護を担っている側の支援も必要である。介護については地域格差も世帯格差も大きい。個人や各家庭だけでは解決することができないレベルにある。各家庭の事情を考慮しつつ、高齢者が住み慣れた地域で健やかに暮らせるように、また、要介護状態になっても介護者に過剰な負担がかからないように、医療・介護の観点だけでなく、介護予防など日常生活を包括的に支援していく「**地域包括ケアシステム**」の充実が欠かせない。日常生活のサポート、在宅医療サービスと介護サービスの連動により、健やかな高齢者ライフから看取りまでを支援していくことが大切だ。医師や医療者は地域包括ケアシステムの担い手として、医療だけでなく、システムの構築や現状にあったシステムへ改革を行うリーダーシップが求められている。

> 　高齢者介護の実情を踏まえ、高齢者の日常生活と高齢者介護を包括的に地域で支えていくことが大事だ。

17

超高齢社会と医療

論点 18 生活習慣病と喫煙
医師や医学生の喫煙についてどう思うか？

生活習慣病対策の重要性

「最近血圧が高くて、医者に通っているんだ」

「コレステロール値が高くて、肉は食べるなといわれた」

「そろそろ、メタボ対策をしないとなあ」

など、君たちのお父さんもぼやいているのではないだろうか。

　脳溢血（のういっけつ）などの脳血管障害、ガン、心臓病、高血圧、動脈硬化、糖尿病、高脂血症、肥満などの生活習慣病は、普通40歳以上に多く見られるため、昔は成人病と呼んでいた。しかし、こうした病気は、年齢だけでなく、食生活・運動習慣・喫煙・飲酒などの生活習慣と密接に関連している。そこで、これを一般に認識させ、生活習慣の改善によって病気の予防と早期治療を実現するために、「生活習慣病」と名称が変更された。

　生活習慣病は**多因子疾患**（➡論点14）であり、遺伝的要因もなくはない。しかし、環境要因の占める割合も大きく、**生活習慣の改善によって、生活習慣病のリスクを減らすことができるのは間違いない**。生活習慣病は増加しており、日本人の三大死亡要因は、感染症ではなく、ガン（悪性新生物）、心疾患、脳血管疾患である。

　以前から、肥満、高血圧、糖尿病、高脂血症は、「死の四重奏」「X症候群（シンドローム・エックス）」などと呼ばれてきた。最近では、内臓の周囲に脂肪が蓄積する内臓脂肪蓄積型の肥満をもった人が、脂質異常（高脂血症・高コレステロール血症）、高血圧、糖代謝異常（高血糖）といった危険因子を2つ以上あわせもっている状態を、メタボリック・シンドロームと呼んでいる。いずれも、複合生活習慣病であり、1つ1つだと生死に関わる重病ではないように見えるが、重複して存在すると動脈硬化性疾患の発症につながり、突然死の原因となる心筋梗塞を引き起こしたりする。

　さらに、寝たきりとなる原因の上位を占めているのも生活習慣病である。

したがって、生活習慣病を予防できれば、医療費の抑制はもちろん、死亡率の低下にも寝たきりの防止にもつながるというわけだ。現代社会は生活習慣病になりやすい環境にあり、現代の医療において、生活習慣病対策は重要な意味をもっている。

> 日本人の三大死亡要因は生活習慣病であり、現代の医療において、生活習慣病対策は重要な意味をもっている。

生活習慣病増加の背景

生活習慣病の増加の最大原因は食生活の変化（日本の場合は食の欧米化といってもよい）、特に動物性脂肪の摂取量の増加であるが、それも含めて生活環境の変化によるところが大きい。具体的には、高カロリー・高脂肪食、過剰栄養、偏食などバランスの崩れた食生活、飲酒・喫煙、交通や家電の発達による運動不足、様々なストレスの蓄積、睡眠不足、過労などである。

> 生活習慣病の背景には、食生活の変化を含めて生活環境の変化がある。

生活習慣病を予防するには

疾病の予防には3種類ある。病気を未然に防ぐ一次予防、病気を早期発見、早期治療して、病気の悪化を防ぐ二次予防、そして治療を受けた後の再発や悪化を防ぐ三次予防である。生活習慣病については、早期発見や早期治療のための健康診断の普及（二次予防）も、再発を防ぐ医療体制の整備（三次予防）も重要であるが、何よりも病気を未然に防ぐ一次予防、つまり、生活習慣病の原因となる生活習慣の改善を図ることが必要である。

それには、健康的な生活習慣確立のための個々人の自覚的な取り組み、その前提としての健康教育が必要になる。地域医療の一環として、家庭、学校、地域、企業などにおいて、食、運動、嗜好、休養のとり方などに関

する健康教育を実施すべきである。生活習慣には個人の生活様式や社会的地位、価値観などが大きく関わってくる。だから、統一的な集団指導で生活習慣改善の必要性と生活習慣病の重大さを知らせることには意義があるが、それにとどまらず、個別の健康指導や具体的生活モデルの提示など、個人のニーズに応じた柔軟なサービスの提供をしていくことが重要だ。

　最近では、若者や子どもの生活習慣病患者が増加している。先に述べた地域における健康教育を、子どもの頃から実施していくことが必要になる。学校保健教育など、子どもに対する健康教育の場に医師や医療従事者、保健師たちが積極的に参加していく必要がある。

> 生活習慣病の予防には、生活習慣の改善を図ることで病気を未然に防ぐ一次予防が何よりも大事である。

治療において求められること

　生活習慣病の治療においても、予防同様、その効果を上げるには、生活習慣の改善が不可欠であり、患者の自覚に基づく主体的な生活習慣改善の努力は欠かせない。生活習慣病の治療においては、他の医療にまして、患者と患者を支援する医療スタッフとの協働が効果的である。また、生活習慣病の場合は完治が難しく、患者が病気を抱え、病気と付き合いながら生きることになる場合が多い。そこで、治療よりは、患者の年齢・職業・価値観など患者の個別性を十分に考慮し、患者の QOL を高めていくケアが必要となる。そのためには、現在の救命・疾患の治療にシフトした医療供給体制だけではなく、リハビリテーションを含む療養型の医療供給体制の整備も必要だ。

> 生活習慣病の治療においても生活習慣改善が不可欠であり、生活習慣病は完治が難しいため、患者の個別性を考慮し、患者の QOL の向上を目指すケアが必要となる場合が多い。

医療従事者の喫煙をどう考えるか？

　喫煙は改善すべき生活習慣の代表ともいえるものだ。日本の成人全体の喫煙率は長期的に見ると減少傾向にある。男性と女性を比べた場合は、圧倒的に男性喫煙率がどの年代でも高いが、全体としては減少傾向にある。これに比べて、女性喫煙率は全体としては横ばい傾向にある。2000年前後では20歳代の喫煙率が女性全年齢の平均を上回る状況があったが、2010年代以降は概ね平均前後に留まっている。

　医系小論文で喫煙問題が出題される場合は、2種類ある。**1つは一般的な喫煙問題、もう1つは医療従事者の喫煙問題である。**いずれにしても、喫煙を肯定する考えを展開するようでは、国民の健康について真剣に考えておらず、また、医師としての自覚にも欠けるということで、医師としての適性を欠くと判断されることを覚悟しよう。諸外国では、非喫煙者であることを医学部入学の条件とする大学もある。また、国内でも、喫煙する職員は雇わないという医療施設も出てきている。今煙草を吸っている君、医師を目指すのなら、すぐに禁煙しよう。

> 　喫煙を肯定したり、自分自身が煙草を吸ったりしている場合は、それだけで医師としての適性がないと自覚しよう。

喫煙の影響と喫煙習慣改善のための方策

　喫煙は、生活習慣病予防の見地からは改善されるべき習慣である。喫煙の影響は全身に及び、ガン、脳卒中、心臓病、肺気腫、歯周病、胎児の発育障害など、様々な病気に関係する。また、喫煙は喫煙者だけでなく、その周囲の人たちの健康にも影響を及ぼす。これが受動喫煙であり、目、鼻の粘膜に影響を及ぼし、さらに、頭痛、心拍増加、血管収縮などを招く場合もあり、これが慢性的になると、肺ガンや循環器疾患等のリスクの上昇を示すデータもある。妊婦本人が煙草を吸わなくても、受動喫煙により、低出生体重児の出生率が上昇するというデータもある。要するに、喫煙は

本人の健康にとっても、周囲の人たちの健康にとっても有害であり、疾病予防の観点から見ても望ましい生活習慣ではない。原則として、誰であれ、喫煙習慣を開始すべきではない。喫煙しているのであれば、徐々にでも禁煙していくべきである。そのためには、喫煙習慣をつけないように、また、喫煙者には自発的な禁煙を促すように禁煙教育が必要であり、重要である。医療機関や保健所が協力し、地域住民への禁煙指導の徹底を図ることに加えて、男性・女性それぞれの喫煙率減少のための具体的目標値を国家が設定して、国を挙げて禁煙キャンペーンを行うことも有効だろう。

> 喫煙は疾病予防の観点から好ましい生活習慣ではない。喫煙習慣をつけないように、また、喫煙者には自発的な禁煙を促すように、禁煙教育が必要であり、重要である。

自己決定権と喫煙の制限

　成人については、喫煙に関する自己決定権を尊重しつつも、禁煙を促す啓発・啓蒙が大事になる。成人患者に対して、喫煙が望ましくないという医学的理由だけから、強制的に禁煙させることは、緊急事態でない限りできない。判断能力が備わった成人患者の場合、その自己決定権は最大限尊重されるべきであり、本人が喫煙の弊害やリスクについて十分な説明を受け、理解し、納得した上で、なおかつ喫煙を続けるのであれば、これを禁じることはできない。しかし、先に述べたように、喫煙の有害性は明らかであるので、禁煙を促す、禁煙するように働きかけることが重要である。

　また、自己決定権には、他者に危害を与えない限りで尊重されるという**他者危害の原則** (➡論点13) がある。したがって、この他者危害の原則から、病院内での喫煙は他の患者に有害であるから、禁止することができる。健康増進法でも「学校、体育館、病院、劇場、観覧場、集会場、展示場、百貨店、事務所、官公庁施設、飲食店その他の多数の者が利用する施設を管理する者は、これらを利用する者について、受動喫煙を防止するために必要な措置を講ずるように努めなければならない」と規定している。

> 成人に対しては自己決定権が尊重されるべきだが、医療目的からは禁煙を促すことが重要であり、他者危害の原則から制限することもできる。

 喫煙習慣をつけないために

一度喫煙習慣がついてしまうと、やめることは難しい。したがって、喫煙習慣をつけないようにすることが大事である。大人のまねをして子どもが吸い始めることを防ぐために、まず、教育環境や家庭環境を整備すること、教師の禁煙徹底、保護者をはじめとする成人全般への禁煙指導が必要である。地域や学校、企業での禁煙教室の開催などによる集団指導や、医療機関・保健所での個別禁煙指導が有効だろう。また、地域社会の喫煙対策のモデルとなるべき、学校、病院、保健所など公的な施設の完全禁煙化を実現すべきだろう。

> 子どもが喫煙習慣をつけないためにも、成人に対する禁煙教育が必要であり、また、公的な施設の完全禁煙を実現すべきだ。

喫煙問題にどう取り組むべきか

日本医師会も禁煙推進に関する宣言を出し、禁煙キャンペーンを展開している。その宣言を紹介しておこう。

禁煙推進に関する日本医師会宣言

1. 我々は、医師及び医療関係者の禁煙を推進する。
2. 我々は、全国の病院・診療所及び医師会館の全館禁煙を推進する。
3. 我々は、医学生に対するたばこと健康についての教育をより一層充実させる。
4. 我々は、たばこの健康に及ぼす悪影響について、正しい知識を国

民に普及啓発する。特に妊婦、未成年者に対しての喫煙防止を推進
する。

5．我々は、あらゆる受動喫煙による健康被害から非喫煙者を守る。

6．我々は、たばこに依存性があることを踏まえて、禁煙希望者に対
する医学的支援のより一層の充実を図る。

7．我々は、禁煙を推進するための諸施策について、政府等関係各方
面への働きかけを行う。

　ここから、医師として喫煙問題にどう取り組めばよいかがよくわかる。
まず、自分自身が禁煙するとともに、医療関係者の禁煙、医療施設の全面
禁煙を推進する。さらに、禁煙に関する社会的啓蒙を行い、禁煙を推進す
る制度の構築に尽力する。そして、受動喫煙による健康被害から非喫煙者
を守り、禁煙希望者に対する医学的支援を行うことである。

　医師を目指すのであれば、喫煙問題にどう取り組むべきか、きちん
と理解しておこう。

論点 19 現代の感染症
新たな感染症への対策とは？

 主要な感染症と対策のポイント

14世紀にヨーロッパ全域で大流行したペストでは、ヨーロッパ全人口の4分の1にあたる2500万人（一説にはその倍近く）の人が犠牲となったといわれている。こうした感染症の大流行は、生活水準の向上や公衆衛生の整備、医学と医療技術の進歩により沈静化し、疾病構造は感染症から**生活習慣病**（→論点18）中心へと変化した。しかし、感染症はけっして過去の問題ではない。発展途上国では死因の多くは感染症であり、また、先進国においても感染症が完全に克服されたわけではない。新型コロナウイルス感染症（COVID-19）の世界的大流行（パンデミック）に限らず、グローバル化が進み、ある地域で発生した感染症の感染をその地域で抑えこむことは難しくなっている。**ズーノーシス、多剤耐性菌**などの問題もあり、感染症は現代でも、医療における大きな関心事である。

君がこの参考書を読んでいるその瞬間にも新たな感染症が話題になっているかもしれない。受験対策だからというのではなく、医療に携わることを志す者として感染症の発生動向には注意を払っておきたい。また、発生動向だけでなく、ワクチン開発などの日々進歩する感染予防対策・治療にも注意を払っておきたい。**医系小論文で感染症について出題される場合、感染症の原因、感染経路など感染症自体に対する基本的な知識と、考えられる対策を問うシンプルなものが多い。**時事的に話題になった感染症については、新聞記事などに注意して、基本的な知識を身につけておきたい。

　主要な感染症について、感染症自体に関する基本的な知識と対策のポイントをおさえておこう。

19

現代の感染症

エマージング感染症の原因とは？

　感染症制圧の人類の歴史の中で、ジェンナーによる種痘に始まるワクチンの開発、フレミングが青カビから発見したペニシリンに始まる抗生剤の開発は、画期的な意味をもつものだった。抗生剤やワクチンが続々と開発された20世紀になると、感染症に対する人類の勝利が宣言されるかに思えた。しかし、AIDS/HIV感染症のほか、エボラ出血熱、腸管出血性大腸菌O157、SARSなどが出現している。旧来のペストや結核などの感染症に対して、ここ30年ほどの間に新たに確認された感染症を新感染症と呼ぶが、新感染症はさらに2種類に分かれる。エマージング感染症（新興感染症）と、再興感染症である。

エマージング感染症（新興感染症）(emerging infectious diseases)

　かつて知られていなかった、新しく認識された感染症で、局地的、あるいは国際的に、公衆衛生上問題となる感染症。

再興感染症（re-emerging infectious diseases)

　既知の感染症で、すでに公衆衛生上問題とならない程度まで患者数が減少していた感染症のうち、再び流行し始め、患者数が増加している感染症。

　腸管出血性大腸菌O157感染症やエボラ出血熱などはエマージング感染症であり、マラリアなどは再興感染症である。

　エマージング感染症の大半はウイルスが原因で、この新たに出現したウイルスをエマージング・ウイルス（emerging virus）と呼ぶ。エマージング・ウイルスはもともと野生動物に寄生しており、それが人間へと感染する。したがって、動物にも人間にも共通に感染する感染症であることから、動物由来感染症、人獣共通感染症、ズーノーシス（zoonoses）などとも呼ぶ。エマージング・ウイルス出現の背景には、熱帯雨林の破壊などの野生動物をとりまく環境の変化のほか、人が野生動物のすみかに入り込む、野生動物がペットとして人に飼育されるなど、従来別々に営まれていた野生動物の世界と人間社会が重なり始めたことがある。

エマージング感染症の大半はウイルスが原因で、背景には環境変化のほか、野生動物の世界と人間社会の近接化がある。

感染症に対する一般的な対策とは？

　ところで、感染症には、結核、コレラなどの細菌感染症と、AIDS/HIV感染症やSARSなどのウイルス感染症がある。細菌感染症は抗生剤（抗生物質）の発見により激減したが、近年、抗生剤に耐性をもつ細菌が出現している。一方、ウイルス感染症に有効な化学療法剤は、ごく限定された感染症に効果のあるものしか開発されていない。感染症対策として、まず、新たな抗生剤など個別感染症治療薬の開発は急務である。また、アジアで発生したSARS（2002年から2003年にかけてアジアを中心に流行した新型肺炎）が世界各地に広がったことからもわかるように、グローバル化が進展し、人や食材の移動が活発になっている現代では、感染症対策においても、地球規模の感染情報・感染対策の共有が必要だ。

　感染後対策として重要なのは、感染が明らかになった場合は、まず、発生状況も含めて、正確かつ迅速に情報を把握すること、そしてその情報の正確かつ迅速な開示・提供、病原体および患者の隔離、迅速な診断・治療である。情報の開示・提供は感染防止にも、対策の徹底強化にも大いに役立つ。患者の隔離や診断の迅速化においては、患者の人権への配慮を欠かさないようにしたい。また、感染前対策としては、感染症の専門家の養成、医療関係者および一般人に対する感染症教育の実施などの感染の予防対策とともに、病原体の隔離が可能な施設の一定数確保が重要である。

　　一般的な感染症対策を確認しておこう。
○感染症対策
・新たな抗生剤の開発など、個別感染症治療薬の開発
・地球規模の感染情報の共有と感染対策の共有
○感染後対策

・発生状況を含めて正確かつ迅速な情報把握・開示・提供
・病原体および患者の隔離
・診断・治療の迅速化
○感染前対策
・感染症専門家の育成
・感染症教育の実施
・病原体の隔離が可能な施設の一定数確保

耐性菌とその対策

　抗生剤の導入が感染症治療に新しい時代の到来を告げたが、時間ととも
に、細菌は抗生剤の攻撃に対抗して進化を遂げ、抗生剤に耐性をもつ細菌
（耐性菌）が登場した。「細菌の逆襲の時代」がやってきたわけである。
抗生剤に耐性をもつ菌を薬剤耐性菌、複数の抗生剤に耐性をもつ菌を多剤
耐性菌と呼ぶ。院内感染の原因となる MRSA や VRE、VRSA くらいは覚
えておこう。

> MRSA（Methicillin-Resistant Staphylococcus Aureus＝メチシリン耐
> 性黄色ブドウ球菌）
> 　変異によりメチシリンなどの抗生剤に対する耐性を獲得した黄色ブ
> ドウ球菌。化膿性疾患、肺炎、敗血症などを起こす。
> VRE（Vancomycin-Resistant Enterococci＝バンコマイシン耐性腸球
> 菌）
> 　MRSA の特効薬であるバンコマイシンなどの抗生剤に対する耐性を
> 獲得した腸球菌。
> VRSA（Vancomycin-Resistant Staphylococcus Aureus＝バンコマイ
> シン耐性黄色ブドウ球菌）
> 　MRSA の特効薬であるバンコマイシンに対する耐性を獲得した黄色
> ブドウ球菌。

MRSA や VRE、VRSA の発生は、抗生剤の安易な使用、不適切な使用によるところが大きい。また、動物飼料添加剤として抗生剤が使用され、動物の中で、ある菌が病原性遺伝子や薬剤耐性遺伝子をもつようになり、それが巡り巡ってヒトの病原菌となり、薬剤耐性となる場合がある。さらに、食肉等の輸入により耐性菌が持ち込まれたり、旅行者が海外で感染して菌を持ち帰ったりすることにより、国内に耐性菌が持ち込まれる場合もある。

　薬剤耐性菌の感染については、感染源の複雑化に応じた対策が必要であり、抗生剤の適正使用については、医療現場だけでなく、動物の飼料への添加の規制も必要となる。感染症は複雑化しており、感染症に対して的確な薬剤を選ぶには、薬剤・多剤耐性菌の知識の習得と症例の蓄積が不可欠である。薬剤使用における EBM（Evidence-Based Medicine＝疫学などの研究成果や実証的、実用的な根拠に基づいた医療）を実践したい。また、医療関係者間での抗菌化学療法に関する情報交換をシステム化する必要がある。さらに、感染症学専門医を育成し、一部の抗生剤の使用は感染症専門医の許可制にするなど、抗生剤の濫用を防ぐとともに、一般医師が抗生剤を適切に使用する指針として、感染症診断・治療のガイドラインを整備することも重要である。新しい抗生剤が開発されると、その数年後には最初の耐性菌の報告があり、10 年から 20 年後にはその耐性菌が臨床的に大きな問題となるという歴史がある。したがって、国内治験の環境を整備し、新しい抗生剤の研究開発を促すことも重要である。

　薬剤・多剤耐性菌を含めて、院内感染の防止については、早期発見・早期診断・早期治療が大切であり、院内感染対策専門スタッフ（ICP＝Infection Control Practitioners）を養成し、院内サーベイランス（surveillance＝継続的調査監視）を実施するとともに、院内感染対策のガイドラインを作成し、廃棄物、給食、空調、水、清掃の管理についての感染管理プログラムを構築・実施することや、施設全域にわたる感染管理教育を実施することが必要である。

耐性菌感染対策を確認しておこう。

○医療現場での抗生剤の適正使用の徹底

・薬剤・多剤耐性菌の知識の習得と症例の蓄積

・薬剤使用における EBM の実践

・医療関係者間での抗菌化学療法に関する情報交換のシステム化

・感染症学専門医の育成

・感染症診断・治療のガイドラインを整備

○新しい抗生剤の研究開発

・国内治験の環境整備

○院内感染の防止

・早期発見・早期診断・早期治療

・院内感染対策専門スタッフの養成

・院内サーベイランスの実施

・院内感染対策のガイドラインの作成

・廃棄物、給食、空調、水、清掃の管理についての感染管理プログラ
　ムの構築・実施

・施設全域にわたる感染管理教育の実施

○動物の飼料への抗生剤添加の規制

 ## AIDS/HIV 感染症

　エイズ（AIDS、後天性免疫不全症候群）は HIV（Human Immunodeficiency Virus＝ヒト免疫不全ウイルス）を病原体とする感染症である。国内では、輸入された非加熱血液製剤の使用により血友病患者が HIV に感染する薬害エイズ事件が発生し、多くの被害者を出しているが、性行為・輸血・血液製剤の使用などで男女とも感染する。感染すると、数カ月～十数年の潜伏期間を経て発病する。いったん発病すると、次々と免疫細胞が侵食され、免疫機能が低下し、通常なら発病しない細菌やウイルスでも発病するようになる。カポジ肉腫など悪性腫瘍を合併し、死亡率が非常に高

い。最近では、HIV が体内で増えるのを抑える治療薬（抗 HIV 薬）が開発され、複数の抗 HIV 薬を組み合わせる多剤併用療法により病気の進行を抑えることができるが、HIV は一度感染すると体内から排除することはできない。また、そうした治療を受けられるのは先進国の限られた人々であり、発展途上国では、なおも多くの人々が亡くなっている。

日本国内の新規感染者数推移は、厚生労働省によると以下の通りであり、減少傾向にある。

2014 年	2015 年	2016 年	2017 年	2018 年	2019 年	2020 年	2021 年
1091 人	1006 人	1011 人	976 人	940 人	903 人	750 人	742 人

HIV 感染防止対策としては、HIV 感染に関する社会的啓蒙、特に性行為による感染に対する啓蒙が必要となるだろう。具体的には、一般国民に対する健康教育、地域、職場における保健・衛生教育（在住・在留外国人を含む）、学校における性教育、コンドームの使用による性感染症予防の普及を徹底すべきだろう。早期発見が感染拡大防止にもつながるので、病気に関する疑問、不安、相談に対応するシステムの構築、施設や人材の確保も必要である。また、患者、感染者に使用した注射針などを無消毒のまま使用、誤射することのないように、麻薬、ドラッグ類の常用をしないことはもちろん、使用済み注射針のような医療器具の取り扱い・消毒・廃棄の徹底も必要である。

一方で、AIDS/HIV 感染症患者や家族に対する医療・福祉体制も十分であるとはいえない。患者や感染者、その家族に対するカウンセリングを含むケア（**病名告知**（→論点6））と、患者の人権や個人情報の保護を十分に考慮したサポート体制の整備に努めるべきである。

HIV 感染も含めて、近年 10 代の性感染症が増加している。原因としては、性行動の若年化、性交渉相手の複数化、避妊具使用率の低下、何よりも性感染症に対する知識不足がある。若者に対する、時代に合った効果的な性教育を保健活動の一環として行っていくことが早急に必要である。

> HIV 感染防止には、社会的な啓蒙が必要であり、若者に対しては、時代に合った効果的な性教育の必要がある。

論点 20 環境問題
持続可能な世界をどう実現するか？

SDGs（持続可能な開発目標）

SDGs（持続可能な開発目標）は、2015年9月の国連サミットで採択された「持続可能な開発のための2030アジェンダ」で掲げられ、2030年までに持続可能でよりよい世界の実現を目指す国際目標である。

3番目の「すべての人に健康と福祉を」は「あらゆる年齢のすべての人々の健康的な生活を確保し、福祉を促進する」ことを目標とし、妊産婦・新生児および5歳未満児の死亡を減らすこと、感染症への対処、若年死亡率の改善、薬物乱用や有害なアルコール摂取の防止、性と生殖に関する保健サービスの普及、医薬品へのアクセスの保障、大気・水質・土壌の汚染による死亡や疾病の件数削減、たばこの規制などをターゲットとしている。性と生殖に関する保健サービスの普及が産婦と新生児の死亡数を減らすことにもつながり、人口問題対策にもなる。また、「大気・水質・土

壌の汚染」は人の生命・生活に重要な影響を与える環境問題である。当たり前のことだが、環境は人が生きる環境であり、環境の悪化は人の生死や健康に直結する。

13番目の「気候変動に具体的な対策を」は「気候変動及びその影響を軽減するための緊急対策を講じる」ことを目標とする。気候変動により、世界各地に洪水、台風・ハリケーン・サイクロンが多発している。洪水の被害はアジアが多く、洪水と比べて頻度は少ないものの生命の危険が高い台風やハリケーン、サイクロンなどの被害で亡くなる犠牲者は、途上国の、そして低所得者層の人々が多い。異常な気温上昇や低下も人々の生命に大きく影響し、熱波や寒波の被害も多い。国内でも豪雨災害、土砂災害が多発し、突発的な集中豪雨による大きな被害も出ている。地震と異なり、ある程度の予測が可能であるため、被害が予想される地域では早期避難が大切である。また、災害後の復旧・日常生活の再開を支援することも必要となる。気候変動は複合的な要因が関連しあって生じているが、地球温暖化もその要因の一つであろう。

> **様々な問題を SDGs の観点からとらえ直すことが求められている。**

 ## 環境問題を解決するには？

人は環境から様々な影響を受けて暮らしている。当然、環境の変化は人の健康にも様々な影響を与える。君たちは四大公害を知っているだろうか？　熊本県水俣湾の水銀汚染による水俣病、新潟県阿賀野川下流域の水銀汚染による新潟水俣病、三重県四日市市コンビナートの煙の硫黄酸化物による四日市ぜんそく、富山県神通川流域のカドミウム汚染によるイタイイタイ病。この４つが日本における四大公害だが、これらは環境汚染さえ起こらなければ、病気も発生しなかった。ここからわかるように、環境保護というのは、疾病の予防の観点からも非常に重要であり、医系小論文でも、しばしば環境問題が出題されている。**出題傾向としては、環境問題全**

体と科学の関係を問う理念タイプと、個別的な環境問題に関する基本的な知識を問うタイプの2種類がある。

環境問題全体と科学の関係については、以下の3点をおさえておけばよい。

①地球規模の環境問題は、人類にとって深刻な問題であり、早急に対策を立てる必要がある。

②環境問題は古くからあるが、人類の生存を脅かすような地球規模の環境問題は、近代になって認識されるようになった。近代における科学技術の飛躍的な発展が環境問題の一因であることは確かだ。つまり、科学技術は、人類に多くの恩恵をもたらすとともに、環境破壊やNBC兵器の開発も導いている (➡論点2)。

③環境問題の解決には、やはり科学技術の力が必要であり、いっそうの科学技術の進歩を目指さねばならない。科学研究や技術開発が、環境問題の解決の切り札になる (➡論点2)。

地球規模の環境問題を解決するには、環境問題の深刻さを自覚し、科学のもつ両面性を意識しつつ、環境問題の解決のための科学研究や技術開発を進めることが必要である。

 個別的な環境問題に対応するために

次に、個別的な環境問題に関する出題については、環境問題の原因、現状、将来予測、対策などに関する知識を確認しておけばよい。英文資料や図表資料が示される場合もあるが、実際に書かされる内容は、こうした基本的知識が多く、原理や理念の考察が要求される場合はあまりない。この**論点20**では、「地球温暖化」「人口問題・食糧問題」について、知識確認をしていこう。

個別的な環境問題については、原因、現状、将来予測、対策などに関する基本的な知識を整理しておこう。

地球温暖化の影響

　近年、世界各地で異常気象が報告されている。「記録的な」と形容される熱波や寒波の襲来、台風・サイクロンの勢力の拡大と頻繁な発生、豪雨、洪水、干ばつなどの異常気象の要因には地球温暖化が影響している可能性が指摘されている。

　2016年の世界の年平均気温（陸域における地表付近の気温と海面水温の平均）は、1891〜2022年の間で最も高い値となり、世界の年平均気温は上昇傾向にある。気温の上昇は気候の激変や異常気象をもたらし、生態系を変え、農林水産業へ大きな影響を与える。また、伝染病感染危険地域の拡大などの深刻な問題を引き起こす。さらに、海面の上昇に伴い、島や沿岸部の水没により、難民が発生する可能性もあり、臨海部の水域の生態系への影響も予想される。また、ヒマラヤなどの氷河の融解による洪水の危険なども指摘されている。

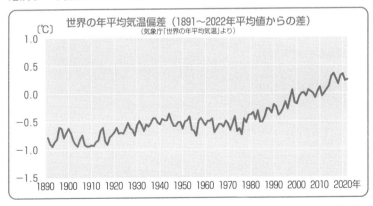
世界の年平均気温偏差（1891〜2022年平均値からの差）
（気象庁「世界の年平均気温」より）

20

環境問題

　地球温暖化は気候の激変、海面の上昇をもたらす。その結果、自然や生態系、そこに生きる生物すべてに様々な影響を及ぼすことになる。

温室効果ガスの種類と温暖化対策

　二酸化炭素などの温室効果ガスは、太陽光は通すが熱を逃がしにくいため、地球規模で温室効果ガスの濃度が上昇すると、地球の温暖化を招く。人類の生産活動の発展や産業の高度化、生活水準の著しい向上などの結果、石油、石炭などの化石燃料の消費量は急速に増大した。その結果、温室効果ガスの発生も飛躍的に増加し、地球規模の温暖化を招いたのである。温室効果ガスの主なものは二酸化炭素（CO_2）だが、他にメタン（CH_4）、亜酸化窒素（N_2O）、対流圏オゾン（O_3）、フロン（クロロフルオロカーボン＝CFC）、水蒸気などがある。二酸化炭素の吸収源として最も重要な働きをしているのは植物による光合成だが、森林破壊などで植物は減少している。したがって、二酸化炭素については、化石燃料の消費などによる二酸化炭素の排出量の増加と、森林の破壊などによる二酸化炭素の吸収源の減少との相乗作用によって、増加に拍車がかかっている。

　温暖化対策としては、まず、各種の温室効果ガスの排出抑制・削減を図ることである。化石燃料の節約とエネルギー変換効率の向上（省エネルギー）、温室効果ガスを出さないクリーンエネルギーの開発（代替エネルギー）、バイオマスなど植物起源の燃料への切り替え（燃料転換）などが考えられる。一方で、森林保護や植林などにより二酸化炭素の吸収源の増加を促進したい。

　1997年12月の地球温暖化防止京都会議では、京都議定書が採択され、先進国の温室効果ガス排出量削減について、法的拘束力のある数値目標を各国ごとに設定し、数値目標を達成することとした。京都会議以降、各国が温室効果ガスの削減目標について試行錯誤を繰り返してきた。2015年国連気候変動枠組条約の第21回締約国会議（COP21）で、2020年以降の温暖化対策の国際枠組み（パリ協定）が採択された。

　その後、世界2位のCO_2排出国であるアメリカ合衆国がパリ協定から離脱するという事態もあったが、政権交代により2021年2月に復帰した。パリ協定では先進国だけでなく途上国も温室効果ガスの排出削減に取り組むことになった。

温室効果ガスの主なものは CO_2 だが、他に CH_4、N_2O、対流圏 O_3、CFC、水蒸気などがある。温暖化対策としては、温暖化の原因である温室効果ガスの排出抑制と削減、森林保護や植林による二酸化炭素吸収源の増加が考えられる。

人口問題と食糧問題

2022 年 11 月、世界人口が 80 億に到達した。世界人口は 50 年間で倍以上に増えているが、その要因は世界の平均寿命の延びにある。1950 年代には女性一人当たりの出生率は 5 近くであったが、1970 年代には多くの国で出生率が大幅に低下し、世界人口の三分の二は出生率が人口置換水準を下回り、少子化傾向にある。平均寿命の伸長と出生率の低下により人口の高齢化が世界の多くの地域で生じている。

2022 年版の『世界の食糧安全保障と栄養の現状』報告書によると、世界全体で約 8 億人が飢餓に直面し、約 23 億の人々が中程度または重度の食料不安に陥っている。南米・アフリカ・アジアの一部の地域では広範にわたる飢餓・栄養不足の状況があるが、これは実質的な食糧不足ではなく、食糧配分の不公平による、地球レベルでの生活格差による。

人口問題・食糧問題を一地域・一国の問題ではなく、地球レベルの問題ととらえた場合、人口増が温室効果ガスの排出量増加の大きな要因になっているわけでも、大気・水質・土壌の汚染の大きな要因となっているわけでもない。また、絶対的な資源不足や食糧不足が生じているわけでもない。むしろ人口問題で考慮すべきは、SDGs が目標に掲げている性や生殖に関する保健サービスの普及であり、さらに、女性の**リプロダクティブ・ヘルス／ライツ (→論点 13)** の尊重やジェンダー平等である。食糧問題に関しても、食糧配分の平等の実現と同時に、降雨量や気温の変動に影響される農業システムに依存している地域での安定的な食糧供給を目指して、食糧の生産性と生産量を増やすことが必要である。

20

環境問題

人口問題は複雑な要因が絡む。データをもとに、SDGsの観点から
考察してみよう。

現在の食糧問題の原因と解決策

　無限の土地や資源があるのであれば、いくら人口が増加しても、その人
口を維持していくことは可能かもしれないが、地球上の土地も資源も限ら
れている。まず、心配されるのは食糧問題だ。現在の段階で起こっている
食糧問題は、食糧の絶対的不足が原因ではなく、むしろ、食糧配分の不公
平によって引き起こされている。飢えた発展途上国は、先進国への巨大な
食糧輸出国である。発展途上国の多くは、累積債務を抱えており、自分た
ちのための食糧の生産ではなく、外貨獲得のための、輸出向けの食糧生産
に従事している。従来、自国の食糧の生産にあてられていた土地は収奪さ
れ、輸出食糧への作物転換がなされている。生産された穀物は、飢えた発
展途上国の人々の空腹を満たすことはなく、家畜の飼料にされ、嗜好品の
素材にされ、ごく限られた先進国の人々に渡ることになる。したがって、
現在の食糧問題の解決には、先進国、発展途上国間の平等、同一国家内の
少数支配層・裕福層と極貧層間の平等を実現し、新たな食糧需給システム
を構築することにより、食糧配分の平等の実現を目指すことが重要である。
もちろん、それも簡単には実現しないが、絶対量は足りているのであるか
ら、公平に分配することによって解決できる。

　　現在の食糧問題は、食糧の絶対量が不足しているわけではないから、
　食糧配分の平等を実現すれば解決できる。

将来の食糧問題にどう対処するか？

　食糧の絶対量が不足する場合はどうするか？　現在の人口増加のスピー
ドに、食糧生産の増加のスピードは追いつけない。むしろ、穀物生産など

は増加傾向が衰えているのが現状である。これまでは、耕地の拡大、化学肥料や農薬の普及、品種改良により、食糧生産を拡大してきた。しかし、新たな耕地の拡大は森林破壊や生態系の破壊を招きかねない。また、生産性の飛躍的向上は、農産物の品種の単一化をも進行させた。大規模なモノカルチャー化や過度の近代農法への依存は土地に対する負荷が大きく、土壌の劣化をもたらす。これらの点を考慮すると、食糧の安定的・持続的供給には、資源の有限性を前提に、生態系との調和を図りつつ、物質循環機能を高度活用するという、環境保全型農業の実現が必要となる。だが、それでも、食糧供給の増加には限度がある。したがって、食糧問題の見地からも、人口増加に歯止めをかけ、人口抑制をすることが必要となる。

> 食糧問題の見地からも、食糧供給の増加には限度があるから、人口抑制が必要となる。

過剰な人口増加がもたらすもの

地球はどのくらいの人間を扶養していくことが可能なのかという問題は、食糧生産量だけによって決まるわけではない。土地や水、燃料、様々な資源が無限でない以上、人口爆発は当然、資源の不足を招くことになる。さらに、人口の過密が生活環境の劣化を招くことは、人口が集中した都市部の現状を見れば明らかである。下水処理や居住空間の確保など、生活環境の側面からも、人口増加は一定のレベルに抑えるべきである。

> 資源の有限性、生活環境の劣化の観点からも、人口増加は一定のレベルに抑えるべきである。

人口爆発を止めるには？

先進国では少産少死で人口が安定しているのに対し、発展途上国では多産少死で人口爆発の状態にある。

土地もなく財産もない極貧層にとっては、子どもが現金収入の担い手であり、資産となる。そのため子どもをたくさんつくることになる。発展途上国の人口抑制対策としては、まず、発展途上国を貧困から解放すること、途上国内の極貧層の暮らしを向上させること以外にない。そのためには、発展途上国の経済的自立のための長期プランを立てるとともに、国内の土地所有の不均衡を是正し、効率的な利用を促すなど、少数支配層・裕福層と極貧層間の格差を解消することが必要となる。さらに、政情不安などを解決し、秩序ある安定した社会を構築し、社会保障のシステムを整備する。また、女性の法的、経済的、社会的、文化的地位の向上と子どもへの教育が必要になってくる。先進国は、発展途上国の女性のリプロダクティブ・ヘルス／ライツの保障およびそのための経済発展と社会整備のために、経済的・人的援助を行う必要がある。

　発展途上国の人口問題の解決には貧困からの救済が不可欠である。発展途上国の経済的発展と社会整備の実現に、先進国は経済的・人的援助を行う必要がある。

キーワード索引

以下は、医系小論文を書く上で欠かせないキーワードだ。正確な意味を押さえられているかどうかチェックし、自在に使いこなせるようになっておこう。

00 は、キーワードの説明があるページを示している。キーワードそのものの意味に加えて、関連事項も理解し、論述に利用できるようにしておきたい。